用智 **6**

围棋

从入门到九段

2段到3段
1000题

陈　禧
胡啸城
卫泓泰
————　著

化学工业出版社
·北京·

图书在版编目（CIP）数据

围棋从入门到九段.6，用智：2段到3段1000题 / 陈禧，
胡啸城，卫泓泰著.—北京：化学工业出版社，2022.9
ISBN 978-7-122-41639-1

Ⅰ.①围… Ⅱ.①陈… ②胡… ③卫… Ⅲ.①围棋—教材
Ⅳ.①G891.3

中国版本图书馆CIP数据核字（2022）第100379号

责任编辑：史　懿　　　　　　　　　　封面设计：溢思视觉设计 ／尹琳琳
E-mail: isstudio@126.com　Yinlinlin
责任校对：宋　夏　　　　　　　　　　装帧设计：宁小敬

出版发行：化学工业出版社（北京市东城区青年湖南街 13 号　邮政编码 100011）
印　　装：河北京平诚乾印刷有限公司
787mm×1092mm 1/16　印张 12¹/₂　字数 180 千字　2023 年 1 月北京第 1 版第 1 次印刷

购书咨询：010-64518888　　　　　　售后服务：010-64518899
网　　址：http://www.cip.com.cn
凡购买本书，如有缺损质量问题，本社销售中心负责调换。

定　　价：59.80 元　　　　　　　　　　　　　　　　　版权所有　违者必究

序　言

我和奇略合作"从入门到九段"有不少时间了。这套选题最早来自于一次吃饭，泓泰说：上次出版的《零基础学围棋：从入门到入段》反响不错，再挑战一次"从入门到九段"怎么样？

于是经过近两年的设计、制作、编排，这套书终于要和大家见面了。题目全部是陈禧职业五段原创的。他热爱创作死活题，这些题目在网上有数千万人次的做题量和大量的反馈，经过了充分地检验和锤炼。其中高段分册的有些题目我看到了也需要思考一段时间，做完之后，感受很好，确实有助于基本功的训练。

围棋学习是提升自己思维素养的过程，最讲究记忆力和计算力的训练。

常用的棋形，需要记得快，还要记得准、记得牢。必须要养成良好的学习习惯：多下棋，下棋之后复盘，长此以往会慢慢养成过目不忘的能力，下过的棋全部摆得出来。围棋的记忆，不仅要了解一个形状，还要记住上下关联的变化，理解得越深，记得越全面。记的东西多了，分门别类在头脑中整理好，就有了一套自己的常用知识体系，形成了实战中快速反应的能力。

实战中总有记不完的新变化，围棋对弈还尤其考验临机应变的能力。出现新变化的时候，需要进行计算。计算是在头脑中形成一块棋盘，一步一步地在上面落子，进行脑算；同时还需要有一个思维体系，从思考为什么会有这样的棋形开始，到思考这个变化为什么可行，那个变化为什么不行。这里说的计算，包含了大家平时说的分析和判断。通过综合训练，逐渐拥有强大的想象力，形成围棋中克敌制胜的计算力。

围绕训练这两种能力，奇略做了错题本和死活题对战的新功能，比我们那个时候训练的条件还要更进一步。一套好书，可以是一位好的教练，一位好的导师。希望通过这套书能够让围棋爱好者和学员们真正提高自己的硬实力，涌现出更多优秀的围棋人才，超越我和我们这一代棋手。

职业九段是我职业生涯中重要的里程碑，是我新征程的开始。而对于广大爱好者来说，从入门到九段，可能是一段长长的征程，有着无数的挑战。这里引用胡适先生论读书的一段话，与大家共勉："怕什么真理无穷，进一寸有一寸的欢喜。即使开了一辆老掉牙的破车，只要在前行就好，偶尔吹点小风，这就是幸福。"

2022 年 8 月

前　言

很高兴这套书遇到了您。

这套书，献给那些对自己有要求的爱好者和对提升学生棋力最热忱、最负责任的围棋老师们。

奇略是一家以做围棋内容和赛事起步的公司，目前是业内最主要的围棋内容，尤其是围棋题目的供应方之一。我们长期支持各类比赛，包括北京地方联赛和全国比赛。进入人工智能时代，我们相信，围棋的学习一定是围绕着提升棋手自身综合素养进行的。通过学习围棋，每位棋手都可以成为有创新意识，有独立分析能力的优秀人才。

奇略坚持创新和创作，坚信天道酬勤。当我们开始创作这样一套综合题库时，我们合理安排每一道题，每一章都为读者设计了技巧提示和指引，每一项围棋技能都邀请了顶尖的职业棋手寻找更好的训练方式。

从入门到九段，不仅要有充足的训练资源，还要有有效的训练方式和成长计划。今天这份成长秘籍已送到您的手边。我们从十年来原创的题目中，选取了棋友反馈最多的题目——10000道！按照难度进行编排。它们将会推动您一点一点成长，我们可以想象出无数孩子和爱好者一道一道做下去时兴奋的表情。

日常训练的时候，最头疼的就是：很多时候想这么下，但是答案没有这个分支，一道一道都去问老师要花很多时间，想自己摆棋，棋子太多也要摆好久。

如今奇略将答案全部电子化，更找到北京大学生围棋联赛的同学们，根据爱好者的反馈，给每一道题加上了详细的变化。为了方便大家提升，我们还做了电子错题本和知识点图解。我们会结合您做题中的反馈，对您的专注力、计算力和记忆力做出分析，让您的成长走捷径。

千里之行，始于足下，让我们现在开始吧。

本套书的成书过程得到了太多人的支持，在此感谢科大讯飞联合创始人胡郁，海松资本陈飞、王雷，北京大学校友围棋协会会长曾会明的大力支持。成书期间，周睿羊九段多次来奇略为我们摆棋指导，感谢周睿羊九段的意见让这套书更完善。

卫泓泰　胡啸城　陈　禧

2022 年 8 月

目　录

凡 例

1. 本书题目均为黑先，答案为无条件净活 / 净杀或有条件劫活 / 劫杀。

2. 本书题目大致按照知识点、难度排序，建议读者循序渐进，按照舒适的节奏安排练习。

3. 读者可以直接在书中作答，也可扫描书友卡中的二维码，在电子棋盘上进行互动答题并用错题本记录错题。

4. 读者在进入答题界面后，可以按照下列操作进行答题，也可以输入题目序号，找到对应题目后直接作答。

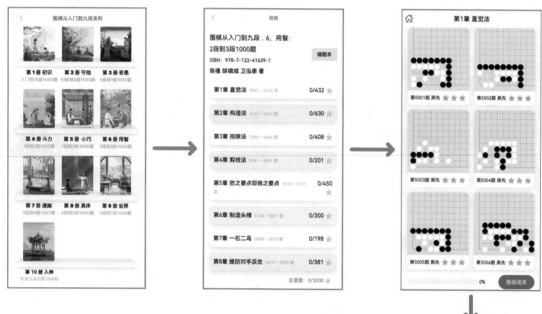

5. 在互动答题界面中，您可以自行探索黑棋的走法，系统将会自动给出白棋的最强应对，并在达到正确结果或失败结果时做出说明。

我们的答题界面、解题过程会持续优化、更新。愿我们的小程序和 App 一直陪伴您的学棋之路，见证您棋艺的提高。

直觉法

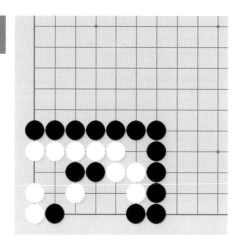

图1

在所有解题方法中，最省力气的无疑是"直觉法"。顾名思义，"直觉法"就是一眼发现正确答案的第一手，然后经过快速思考，验证这一手是正确的。当然，这种方法也需要对棋形的敏锐感觉。

如图1，此时白棋的眼位似乎不太完整，黑棋先行，该如何行棋呢？

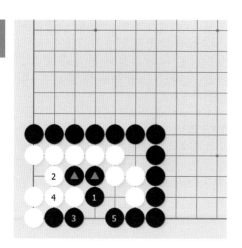

图2

如图2，黑1向外冲出是唯一的一手。如果两颗黑▲子被吃，显然白棋将有足够的眼位做活，所以救出它们应该是黑棋的直觉。

接下来白2挡住，并同时护住一只真眼。黑3救出一路上的黑子，也是源自直觉的选择。白4粘之后，黑棋只需稍做计算即可发现黑5退的手段，造出"打二还一"成功杀白。

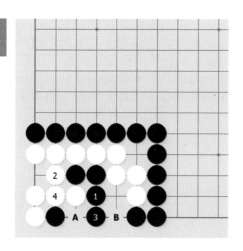

图3

如图3，黑3如果选择一路立，白4可以直接打吃。此时由于黑棋自身的连接存在缺陷，A、B无法两全，故白棋可以两眼做活。

虽然本题的变化不算很多，但"直觉法"仍然可以节省时间，快速确定正解路径。如果可以将"直觉法"应用到实战中，这种方法的优势会在时间紧迫时愈发明显。

构造法

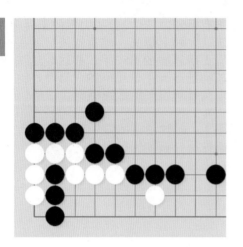

图4

对于做死活题较为熟练的棋手，可以根据棋形的特点构造出正确答案的预想图。预想图中所有棋子的位置，即为所有可能选点的位置。这种通过构造出的变化进行逆推的解题方法，称为"构造法"。

如图4，左下角的白棋已经包围了三颗黑子，但是黑棋似乎可以将白棋的生存空间构造为死型。黑棋先行，该如何行棋呢？

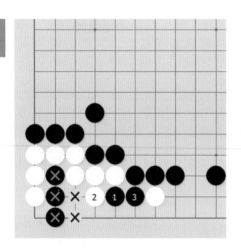

图5

如图5，通过对题目的观察，我们发现白棋的棋形与常见死型"刀把五"十分相似。假设这个白棋被杀的图是正确答案，那么黑棋必须要将白棋的眼位限定在用 × 标出的五个点之内。

如果想要达成这种目的，黑棋最好的办法是在1位扳。如果白2挡，黑3再粘便可构造"刀把五"的棋形。当然，如果白2改在3位断，黑棋在2位爬即可；白棋大块由于只有两口气，已经无以为继。

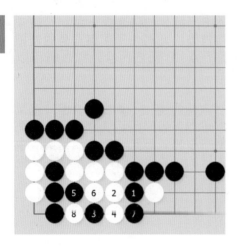

图6

如图6，黑1直接冲下不够凶狠，被白2挡住之后变数已经增多。此时白棋的内部空间变大，故黑棋已无法构造"刀把五"；黑3一路跳、黑5做劫是最佳的下法，但本图的结果已经明显劣于图5的净杀。

排除法

在所有解题方法中，应用范围最广、逻辑最为简单的当然是"排除法"。面对题目中所有可能的变化，"排除法"对这些变化进行逐一检查，一定能够发现正确答案。

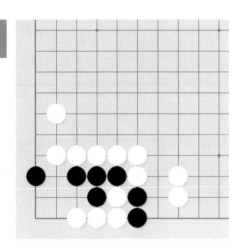

如图 7，左下角的四颗白子与两颗黑子展开对杀，然而对杀之外的死活才是黑棋最关心的话题。黑棋先行，该如何行棋呢？

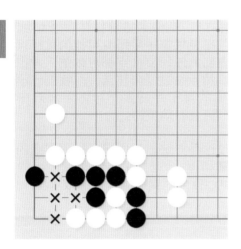

如图 8，我们可以先列出黑棋第一手所有可能的落子点，用 × 标出。由于本题很明显关联到下方的四颗白子，接下来黑棋一定要围绕着它们做文章，因此正解一定在这四个落子点之中。

对这些落子点进行逐一排除之后，我们将得到正解。

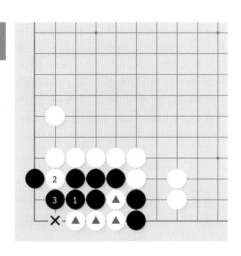

如图 9，经过"排除法"确认之后，我们可以发现黑 1 愚形打吃是最有效的做活方法。白 2 冲、黑 3 打吃之后，四颗白▲子被吃，而且形成"曲四"的活形，黑棋成功脱险。

当然，黑棋第一手棋下在 × 位也可以吃掉上文提到的四颗白子，但被白棋在 2 位冲，黑 1 位提，白 3 位挤之后，黑棋形成"断头曲四"惨遭净杀，因此这种选择可以被我们放心排除。

剪枝法

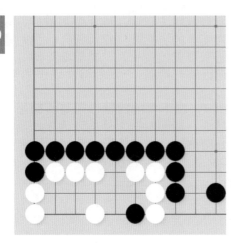

当死活题需要考虑的有效变化数量庞大时，坚持使用排除法会耗费大量的时间。如果能以组为单位，将具有共同特点的变化分支全部快速剪除，将大大缩短找到正确答案的时间。这种巧妙排除错误答案的解题方法，称为"剪枝法"。

如图10，白棋的生存空间较为丰富，但是左下角两颗白子的联络不甚稳定，似乎还存在缺陷。黑棋先行，该如何行棋呢？

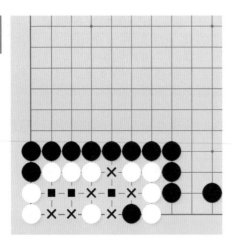

如图11，类似"排除法"，我们依然可以列出黑棋第一手所有可能的落子点，白棋内部的任何交叉点都可以纳入考虑范围内。然而通过"剪枝法"，我们迅速发现×位的落子点明显不行，无法对白棋的眼形造成有效威胁。

通过这种方法，我们把本来要考虑的9种（■和×标记处）选择迅速缩减为■处3种，极大地提高了计算的效率。

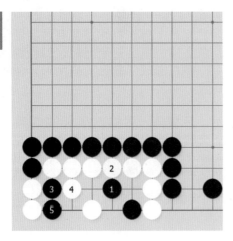

如图12，经过进一步排除之后，我们发现黑1尖是破坏白棋眼形的最佳次序。对此白2粘必然。黑3打吃、黑5提之后，由于黑1、白2的先手交换，白棋已经无法构成活形。如果黑棋选择先在3位打吃，待白4位打吃时再于1位尖，白棋可在5位提吃，直接做活。

当然，以上介绍的四种解题方法并非相互排斥。随着棋感和计算能力的不断提升，可以逐渐将"排除法"灵活变通为"剪枝法"或"构造法"，甚至直接使用敏锐的"直觉法"。

敌之要点即我之要点

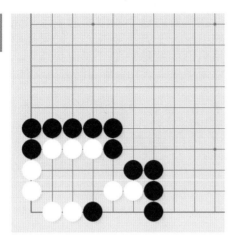

围棋当中有一句谚语叫"敌之要点即我之要点"。这句话的意思是说，如果对方有一处特别想要抢占的要点，这个点在大多数情况下也会是己方想要抢占的要点。

图13中，左下角白棋的生存空间看似庞大，却似乎存在一处致命的弱点。黑棋先行，该如何行棋呢？

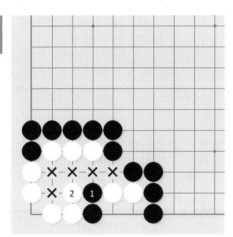

如图14，黑1如果选择简单长出，白2挡住即可保证充足的眼位，轻松做活。如果黑棋的第一手棋下在由 × 标出的任何一个位置，白2也可以成功防御。

既然"敌之要点即我之要点"，那么黑棋正确的第一手棋是否应该下在2位呢？

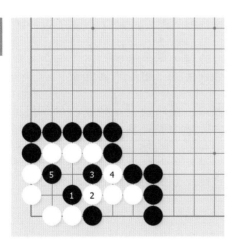

如图15，答案是肯定的。黑1抢占对方的要点之后，整个形势就发生了翻天覆地的变化。以下白2断之后，黑3挖巧妙地利用到了白棋自身气紧的弱点；白4如果断吃，黑5反断之后白棋已经分崩离析。

如果在解题过程中不知道从哪里开始，不妨采用"敌之要点即我之要点"的方法。首先通过几种失败变化找到对方必走的要点，再尝试第一步抢占这个要点，就可能离胜利不远了。

制造头绪

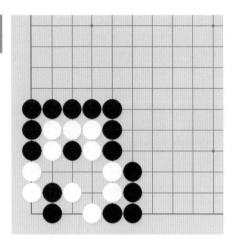

图 16

如果在解题时遇到看似固若金汤、无懈可击的棋形，千万不要灰心。如果能够设法利用棋形的特殊缺陷"制造头绪"，往往可以无中生有，大幅增加己方成功的概率。

如图 16，目前白棋的棋形有很多处断点，然而黑棋显然不满足于只吃几颗棋子，必须全歼才能满意。黑棋先行，该如何行棋呢？

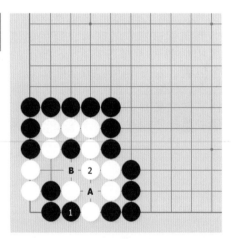

图 17

如图 17，黑 1 挤打是制造头绪的第一步，成功抓住了白棋气紧的缺陷。下一步白棋如果在 A 位粘，黑棋在 B 位打吃即形成"接不归"。因此白 2 粘是只此一手，此时已经形成保留劫，黑棋随时保有率先开劫的权利。

黑棋第一手棋如在 A 位扑，白棋在 2 位提，黑棋再于 1 位打吃，照样可以形成同样的棋形。但是这样黑棋从图 17 的先手变成了后手，速度慢了一手棋，因此仍然是图 17 的结果更胜一筹。

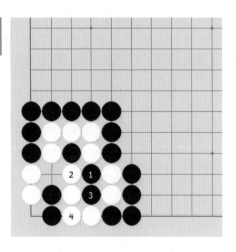

图 18

如图 18，黑 1 如果只发现了双打吃的弱点，收获就太少了。白 2 提后，黑 3 固然可以吃掉外围的两颗白子，但白 4 粘之后也安然成活，黑棋不能满意。

本题中，黑棋通过 1 位挤打的手段成功在对方阵地中制造头绪，通过保留劫增添了无限可能。当然，在拯救己方的弱棋时，"制造头绪"的方法也可以力挽狂澜，增添意想不到的可能。

一石二鸟

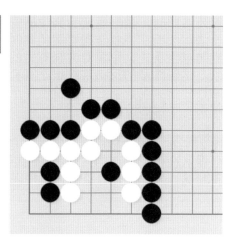

有些死活题中，先行的一方可能需要同时解决两个问题才能顺利过关。此时可以开动脑筋，试图寻找"一石二鸟"的妙手，一手棋兼顾两个目的。

如图19，白棋已经包围了左下角的两颗黑子，而黑棋在破眼之余还要救出右侧被围的另一颗黑子。黑棋先行，该如何行棋呢？

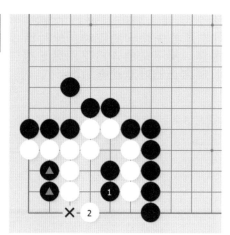

如图20，黑1贴，想要救出己方棋子只此一手，而白2尖是此时最顽强的抵抗。由于两颗黑▲子已经被包围，现在黑棋需要格外小心。

此时通过对题目的审视，我们可以找出黑棋需要解决的两个问题：第一是确保左下角白棋空间不足，不能让 × 成为眼位的一部分；第二是确保自身的联络，使得白棋不能阻断右侧的两颗黑子。

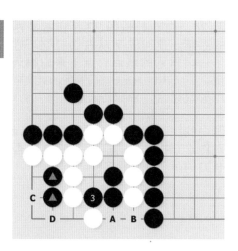

此时，图21中黑3挤是一石二鸟的妙手，一步棋同时解决了两个问题！接下来右侧A、B两点见合，左侧C、D两点见合，所以白棋既无法吃掉右侧的黑子，又无法做出两只真眼，全军覆没。

如果在解题过程中发现有两个同时需要解决的问题，不妨尝试用"一石二鸟"的方法提高效率，使自己的棋感更上一层楼。

提防对手反击

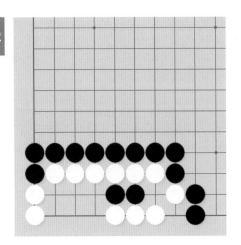

图 22

在解死活题时，我们通常会集中研究己方的着法。然而在寻找正确答案的同时，也要提防对手反击，留意对方强有力的抵抗手段。这些隐蔽的反击常常出乎意料；对于题目创作者来说，它们的价值甚至超过正解第一手棋的价值。

如图 22，左下角的白棋看起来眼位充分，然而埋伏在棋形内部的两颗黑子也留下了很多余味。黑棋先行，该如何行棋呢？

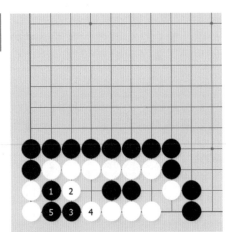

图 23

如图 23，黑 1 打吃是必然的第一手。白 2 打吃是首先想到的应对，此时黑 3 扳局部最佳。接下来白 4 打吃、黑 5 提二子必然，但真正的好戏还在后面。

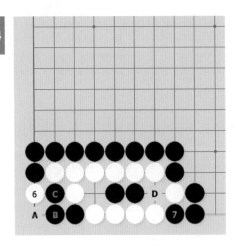

图 24

如图 24，白 6 扑是图 23 黑棋提掉两颗白子的后续。此时黑 7 从右边打吃巧妙，抓住了白棋气紧的弱点！接下来白棋若在 A 位提，则黑棋可在 B 位打吃，此时 C、D 两点形成见合，白棋净死。

本图中的结果显然是黑棋的理想图。然而，面对图 23 中黑 1 的打吃，白棋是否还有更有力的反击手段呢？

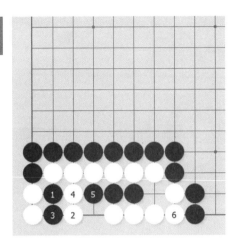

图 25

如图 25，白 2 跳是意想不到的抵抗手段！对此黑 3 如果直接提就中计了，白 4 粘之后，黑棋已经无法杀掉这块白棋。黑 5 如果试图构造死型，白 6 有团的好手可以形成双活。

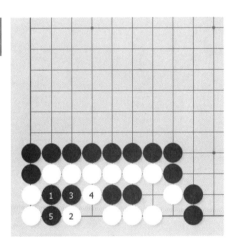

图 26

如图 26，此时黑 3 冲才是最强的应对着法。白 4 挡必然，黑 5 也必须提掉两颗白子。

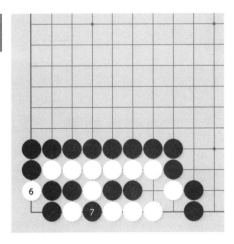

图 27

如图 27，白 6 扑入是图 26 的后续手段，最终形成打劫。经过以上所有变化图的分析之后，我们可以确定这是双方都走出最强抵抗的正解图。

本题的焦点显然是白 2 跳的反击手段；如果您是执白防御的那一方，是否也能发现这一步反击呢？

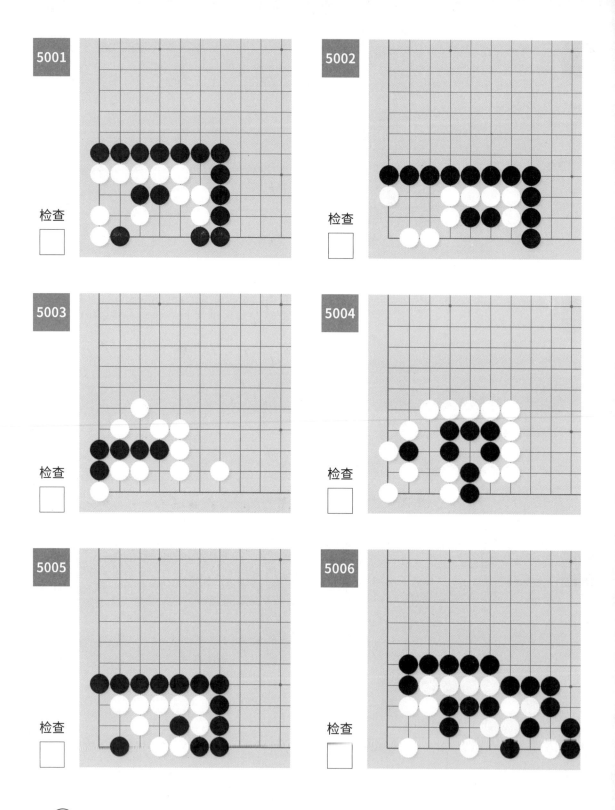

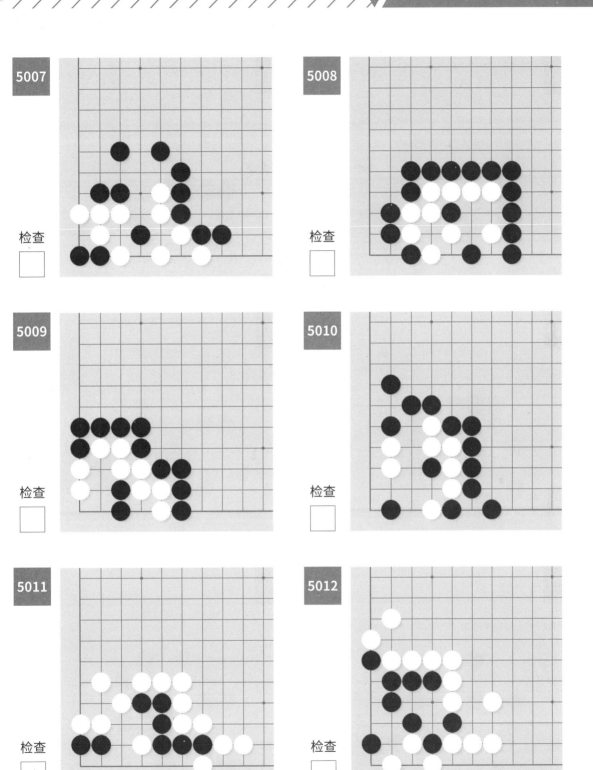

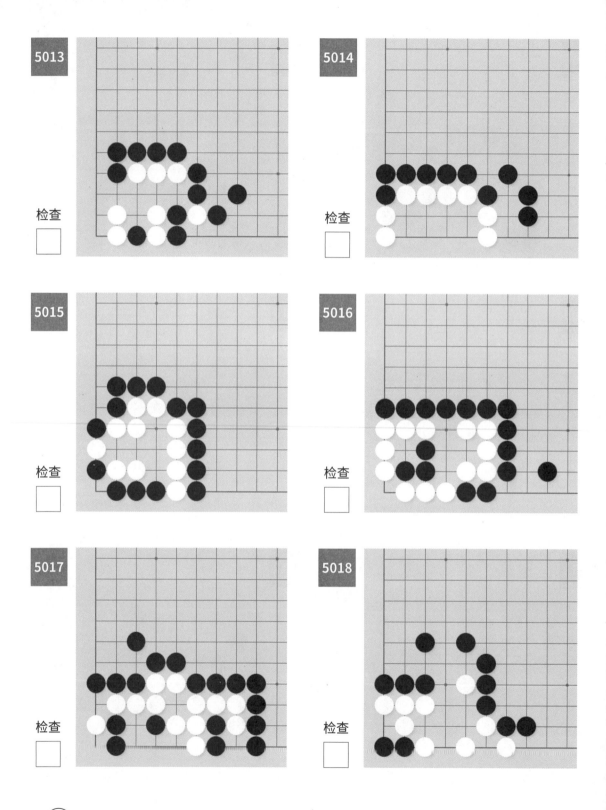

5019

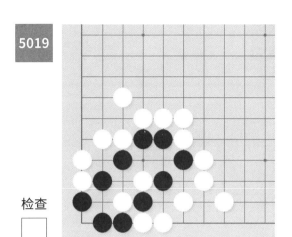

检查

5020

5021

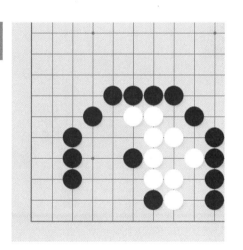

检查

5022

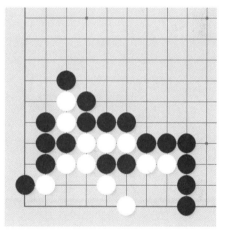

5023

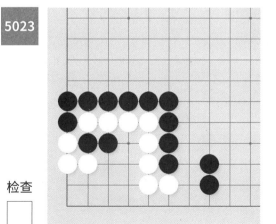

检查

5024

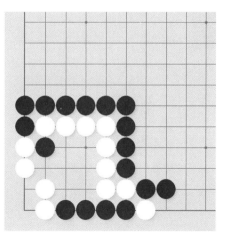

检查

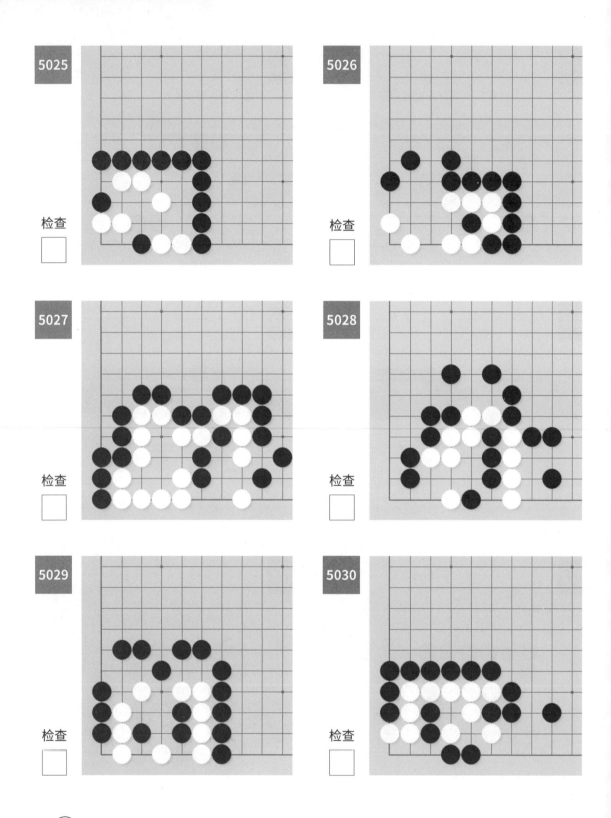

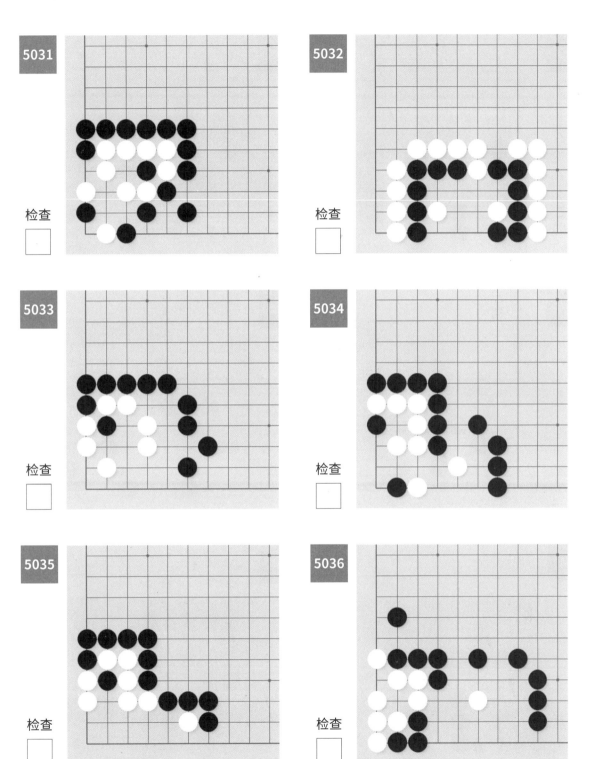

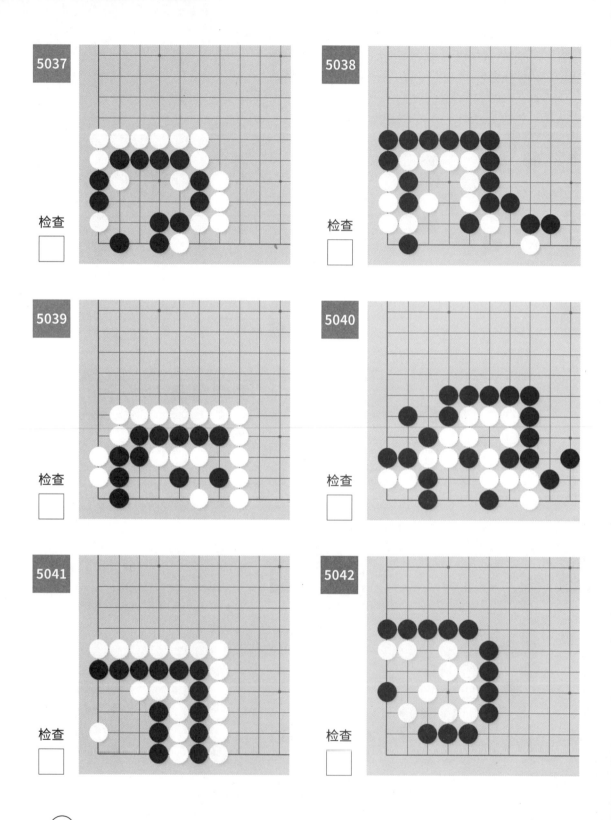

5043

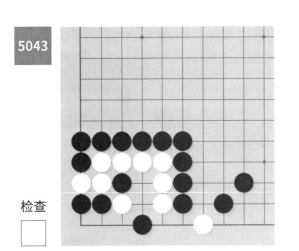

检查 □

5044

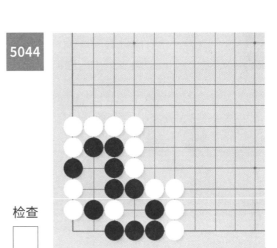

检查 □

5045

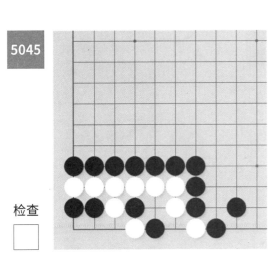

检查 □

5046

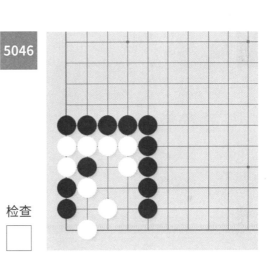

检查 □

5047

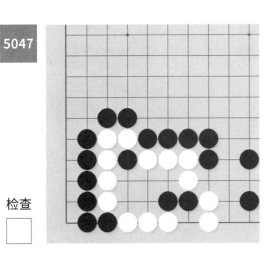

检查 □

5048

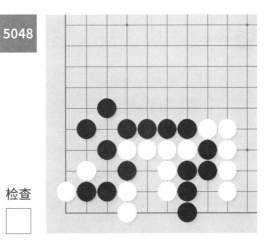

检查 □

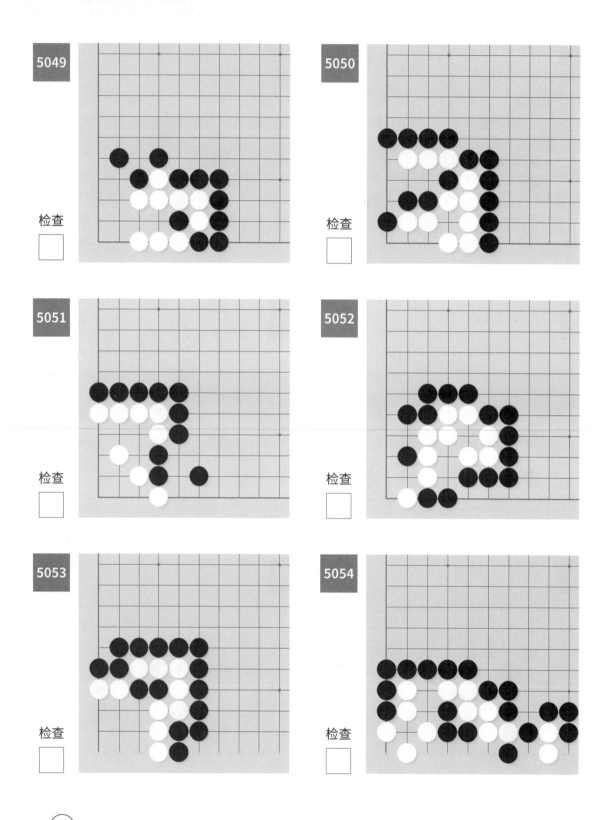

5055

检查

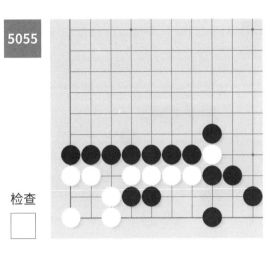

5056

检查

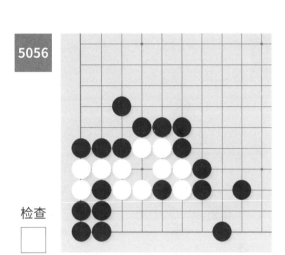

5057

检查

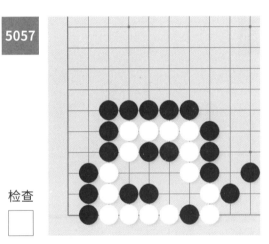

5058

检查

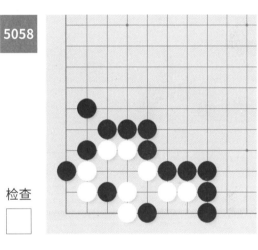

5059

检查

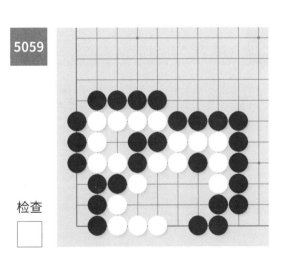

5060

检查

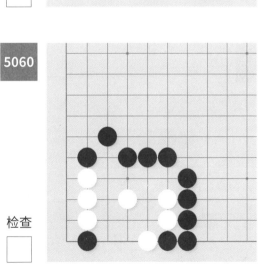

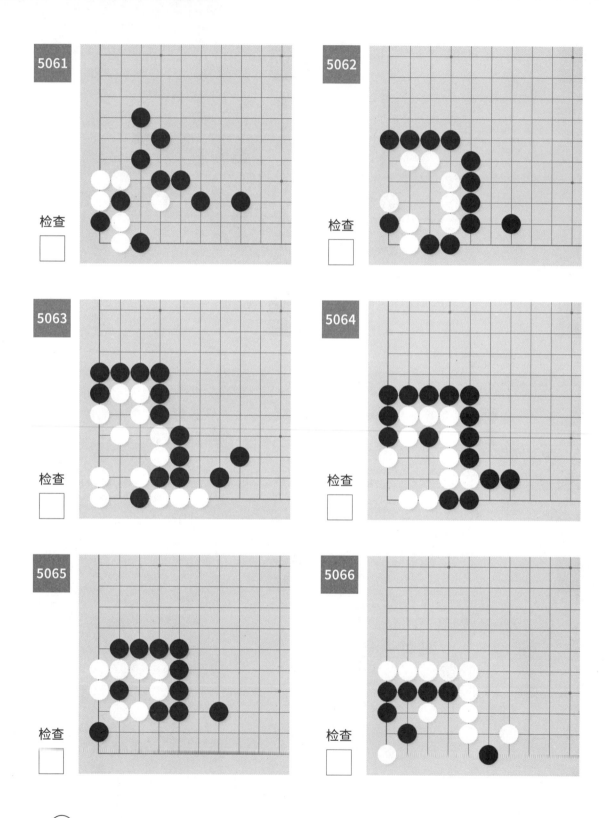

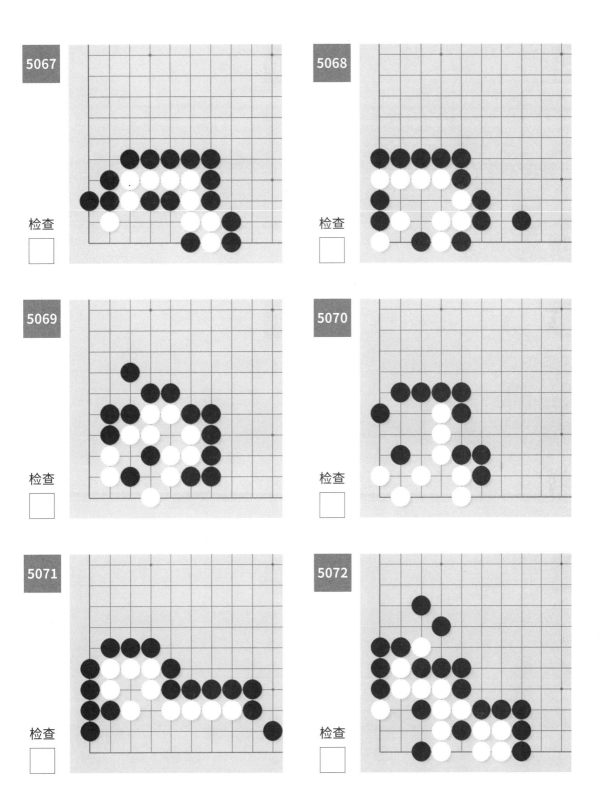

5067

检查 ☐

5068

检查 ☐

5069

检查 ☐

5070

检查 ☐

5071

检查 ☐

5072

检查 ☐

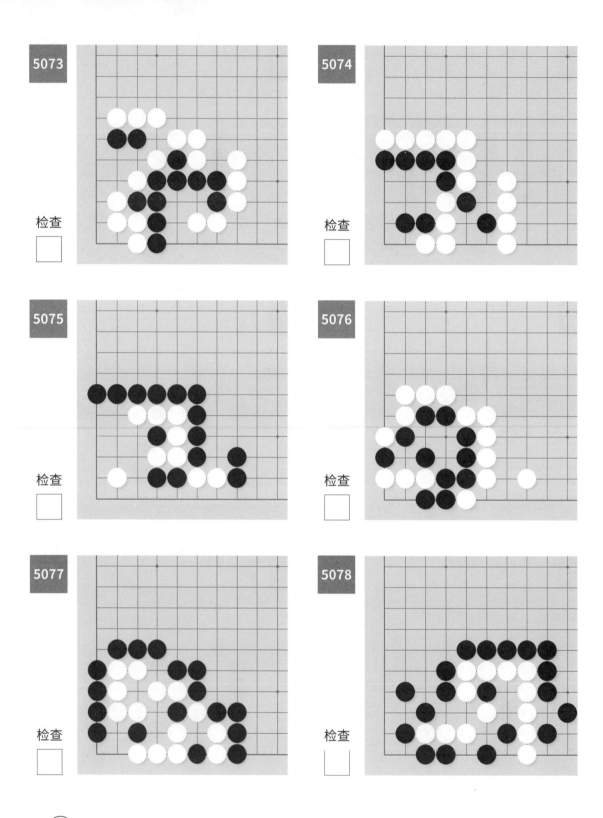

5079

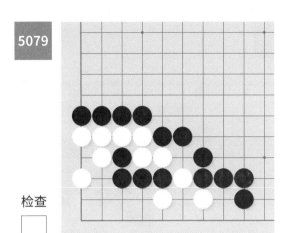

检查

5080

5081

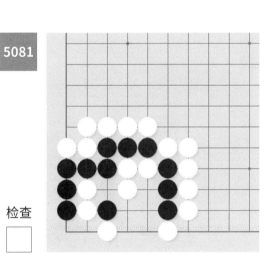

检查

5082

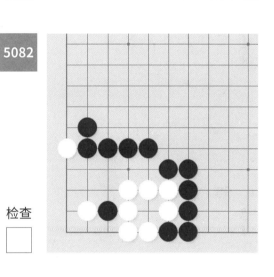

检查

5083

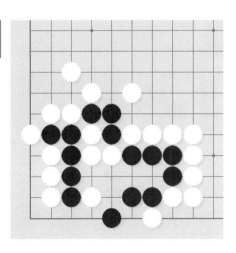

检查

5084

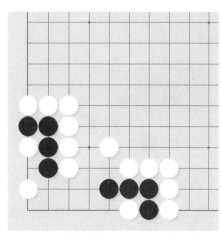

检查

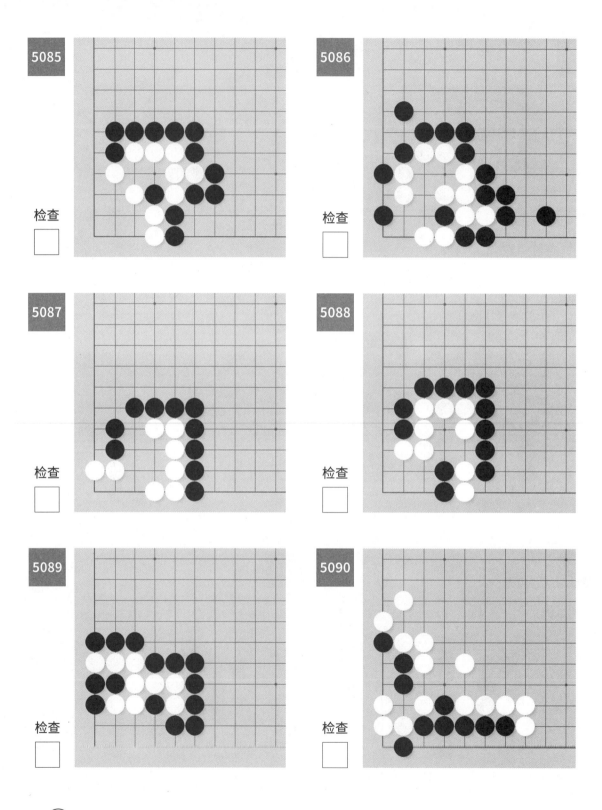

5091

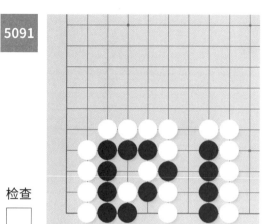

检查

5092

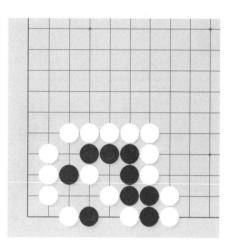

检查

5093

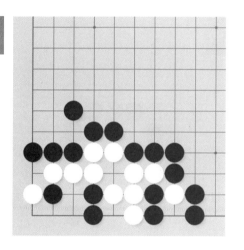

检查

5094

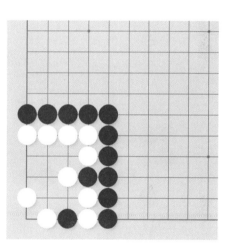

检查

5095

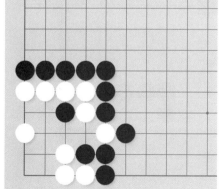

检查

5096

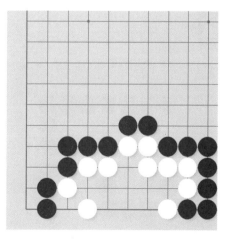

检查

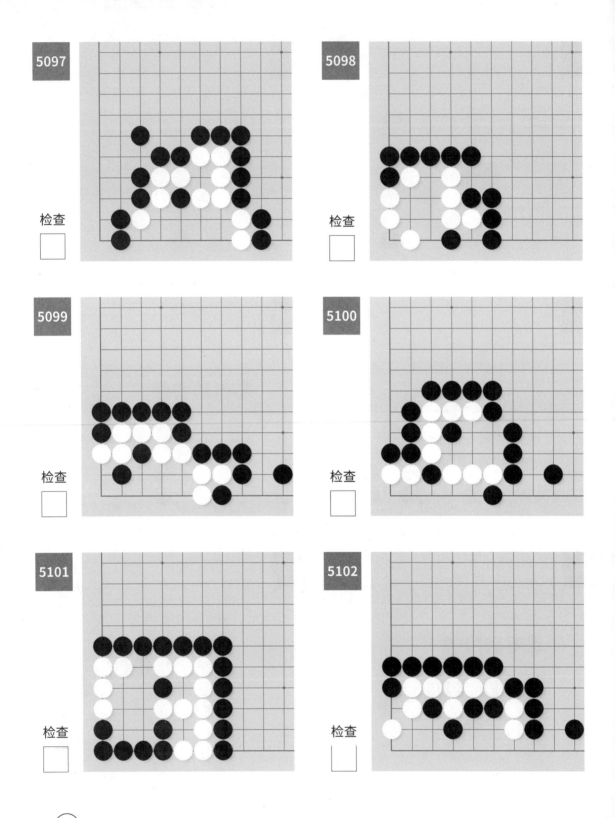

5103

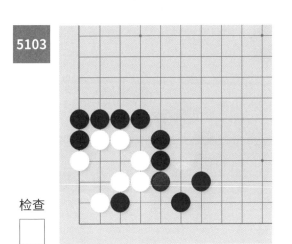

检查

5104

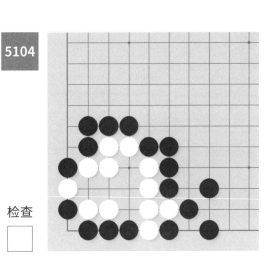

检查

5105

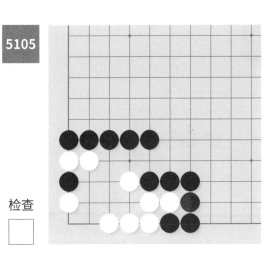

检查

5106

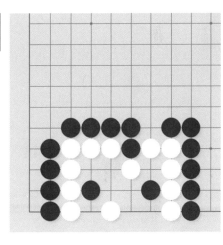

检查

5107

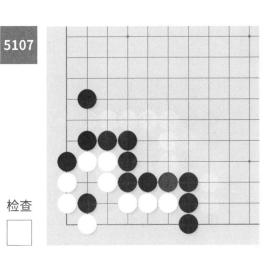

检查

5108

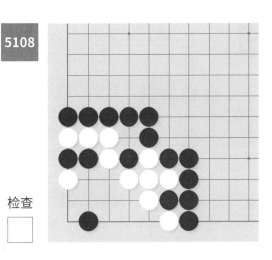

检查

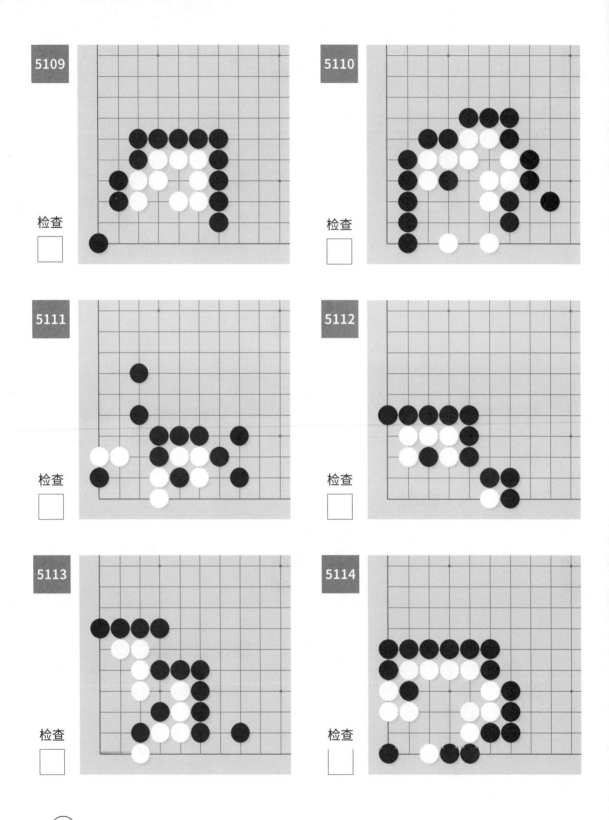

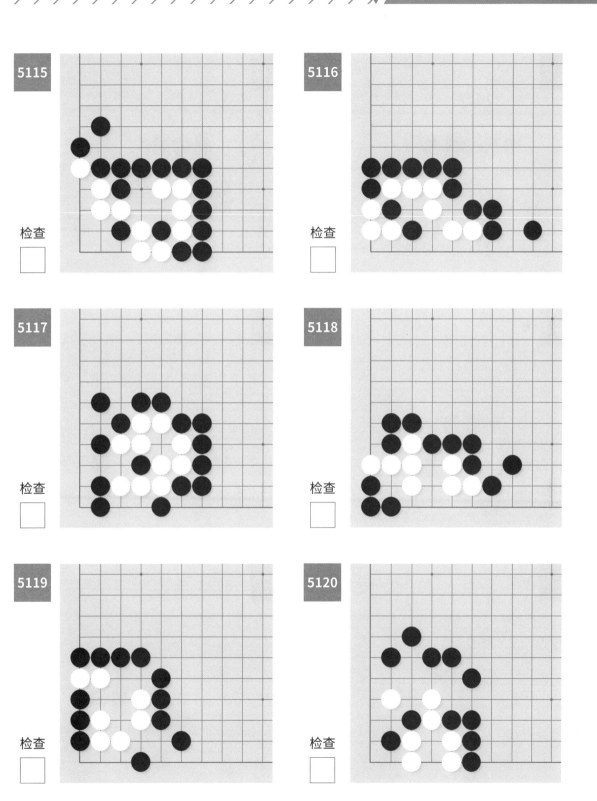

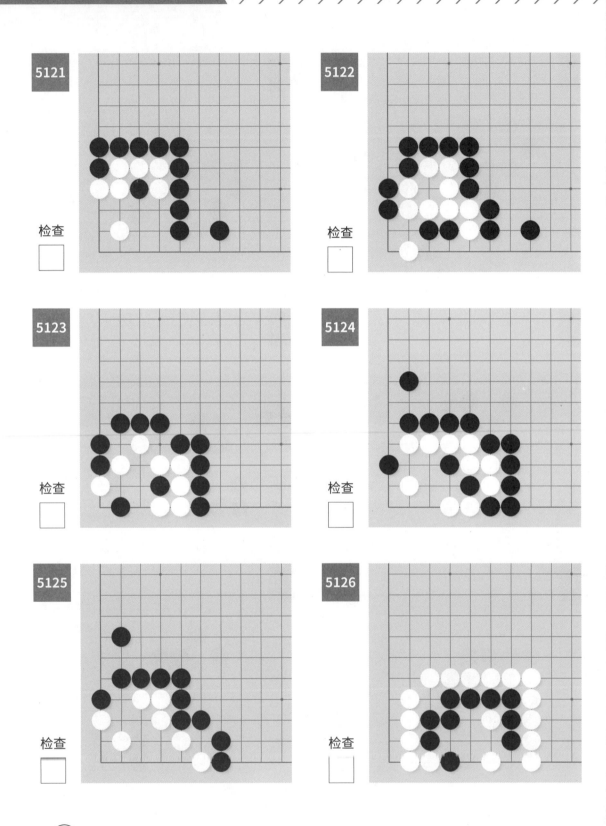

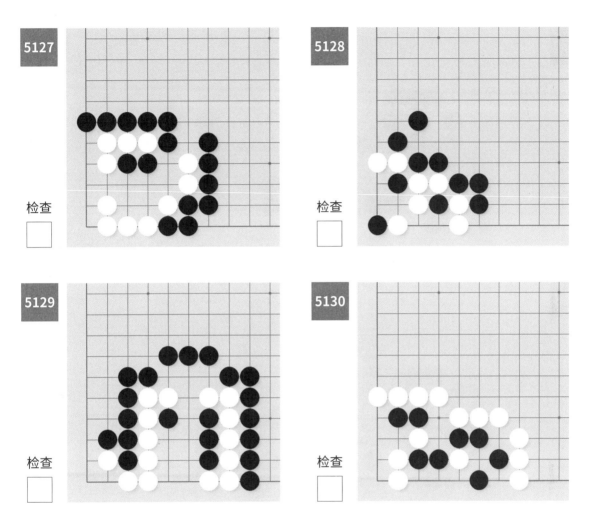

5127
检查

5128
检查

5129
检查

5130
检查

5131
检查

5132

检查

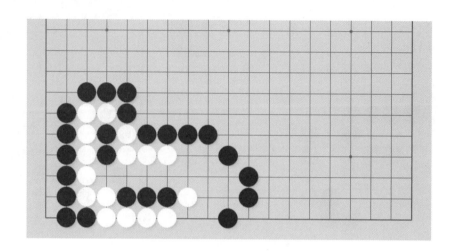

5133

检查

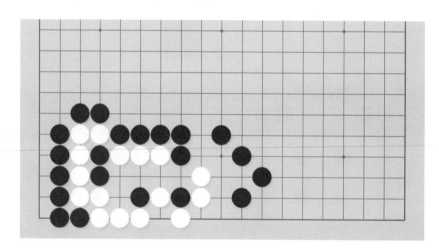

5134

检查

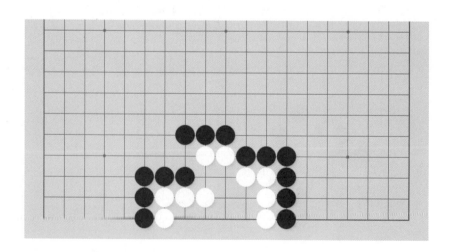

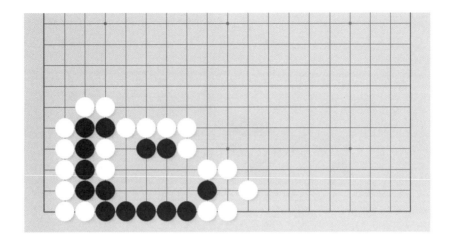

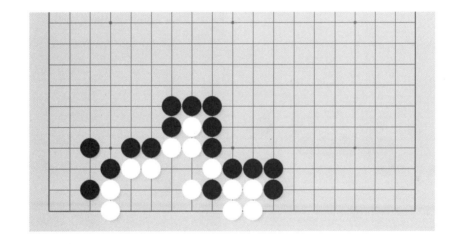

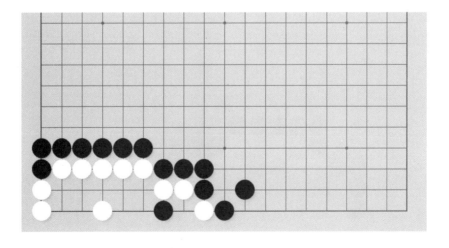

5135

检查

5136

检查

5137

检查

5138

检查

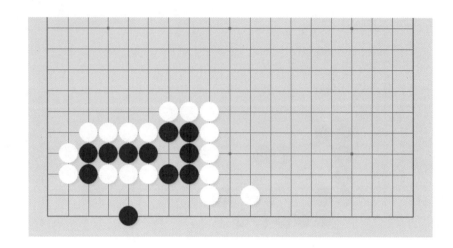

5139

检查

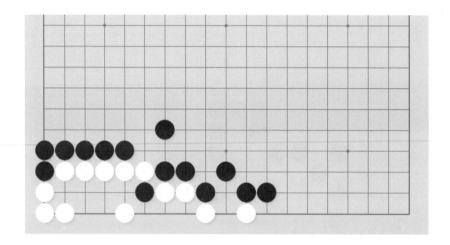

5140

检查

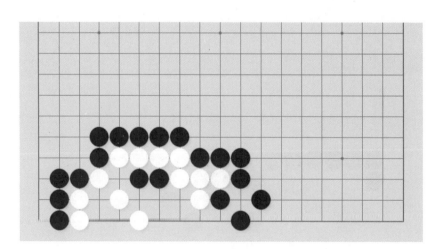

5141

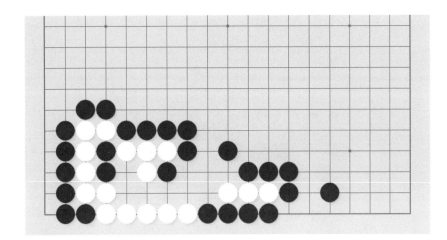

检查

5142

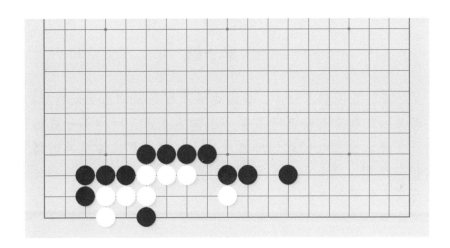

5143

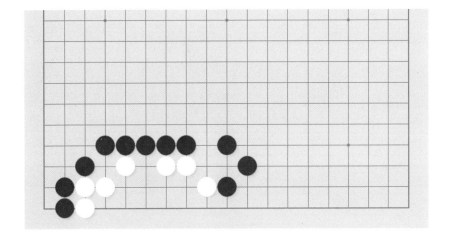

检查

5144

检查

第一感

　　第一感，在围棋术语中，指的是棋手看到当前局面最想放的一手棋。

　　因为人们通常都会落子在第一感的选点上，所以第一感训练在围棋中相当重要。通常我们的训练方式为寻找对自身较为简单的诘棋，然后进行秒数限制，例如强迫自己 30 秒内要写出解答。如此反复为之，可以提升自己的第一感。

——檀啸

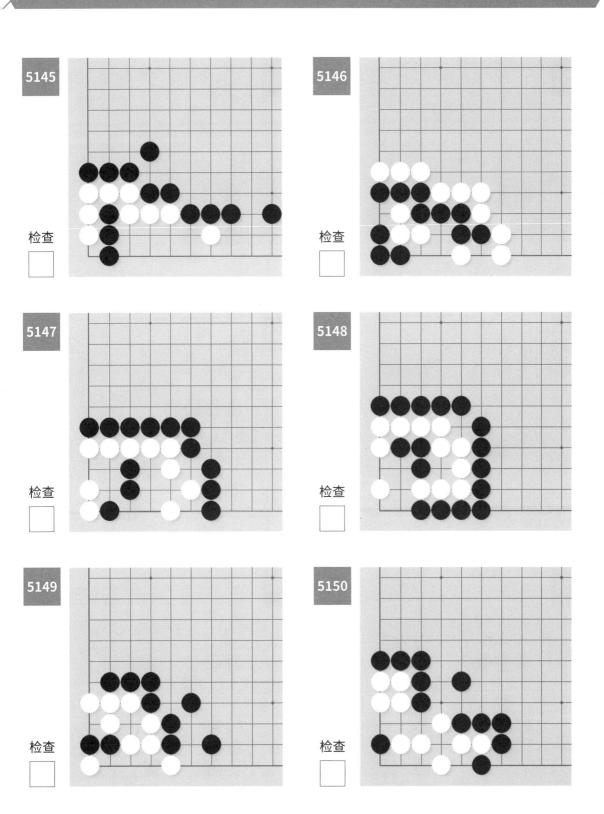

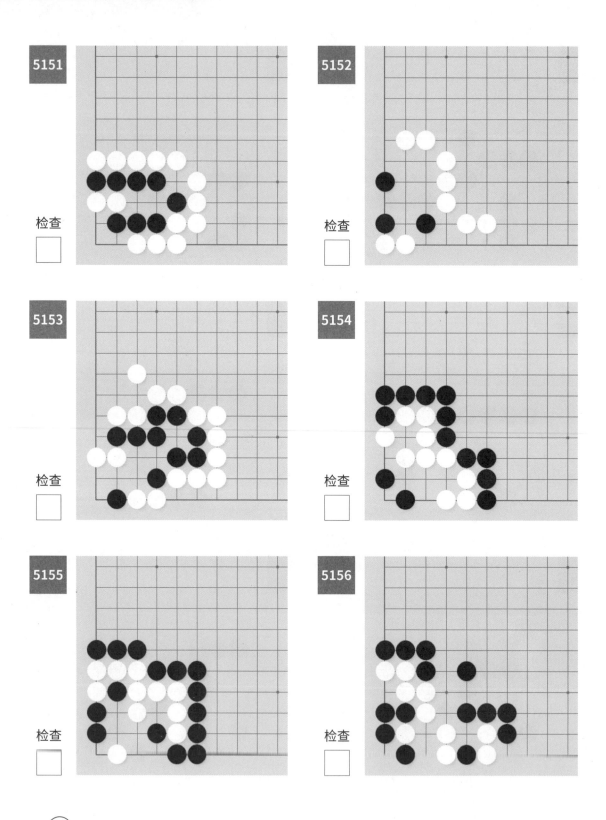

5157

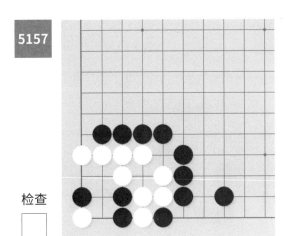

检查

5158

5159

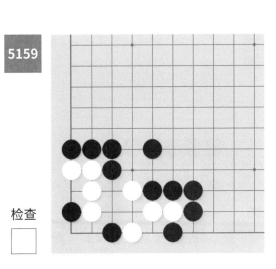

检查

5160

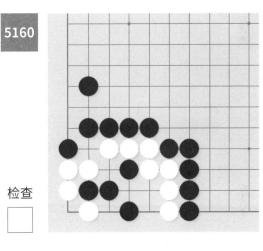

检查

5161

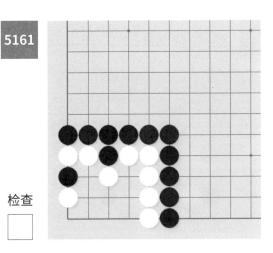

检查

5162

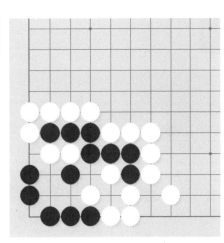

检查

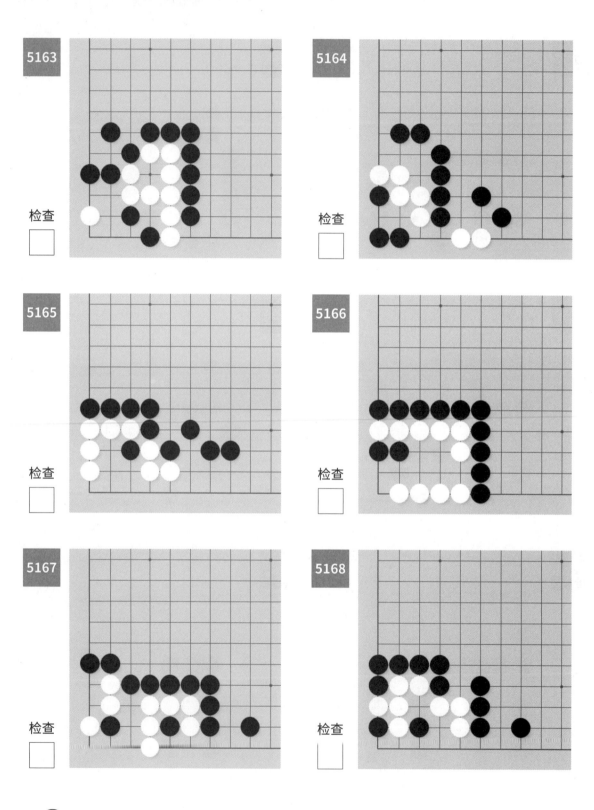

5163

检查

5164

检查

5165

检查

5166

检查

5167

检查

5168

检查

5169

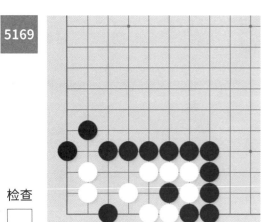

检查

5170

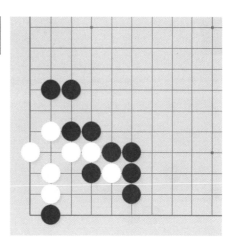

检查

5171

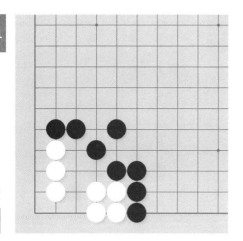

检查

5172

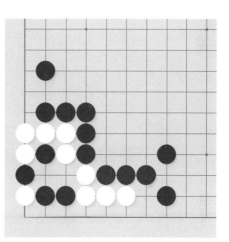

检查

5173

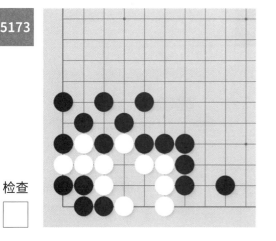

检查

5174

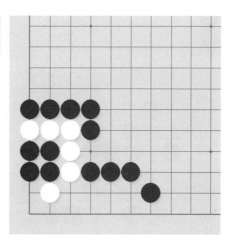

检查

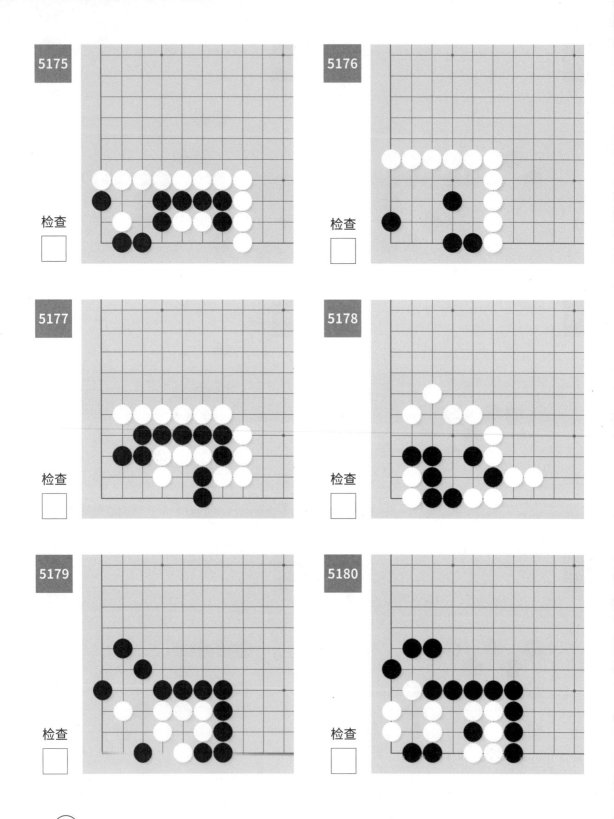

5181

检查

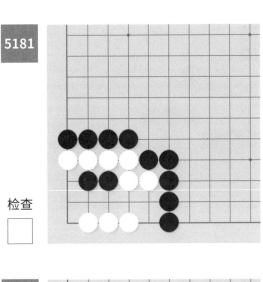

5182

检查

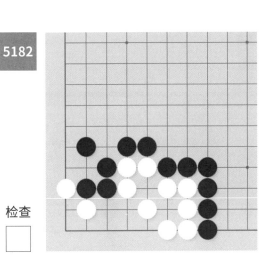

5183

检查

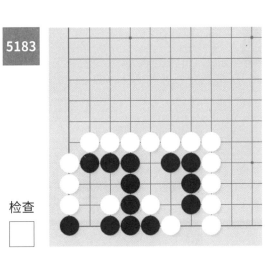

5184

检查

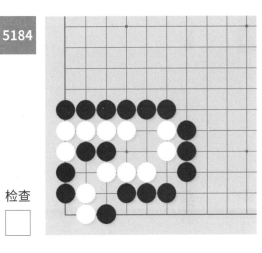

5185

检查

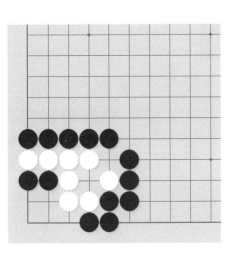

5186

检查

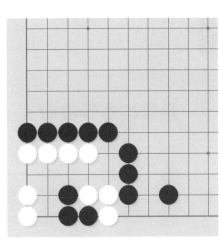

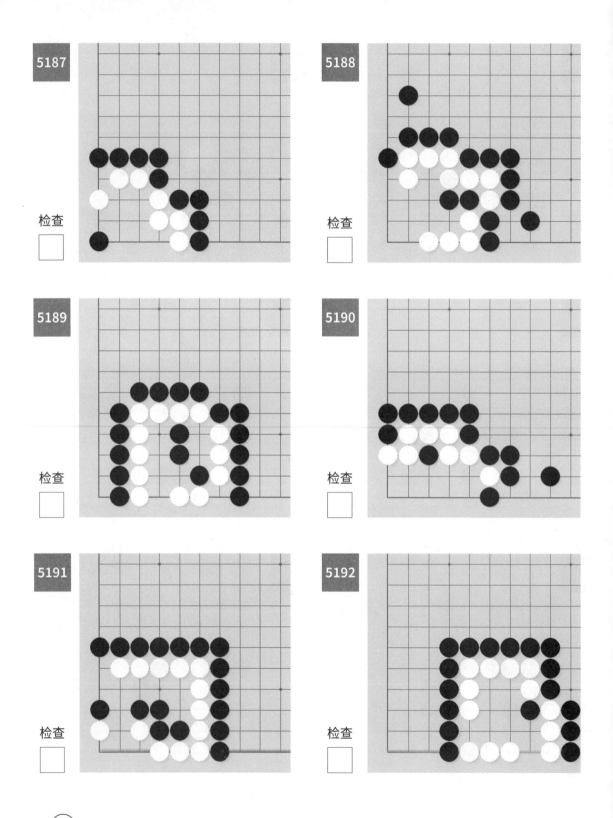

5193

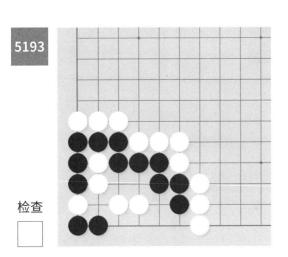

检查

5194

检查

5195

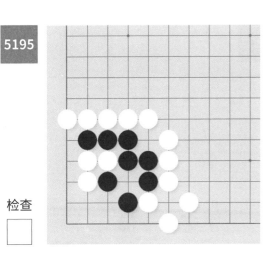

检查

5196

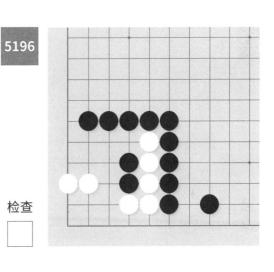

检查

5197

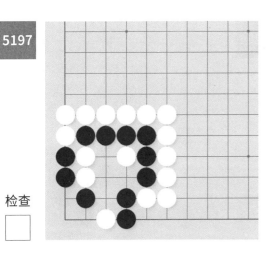

检查

5198

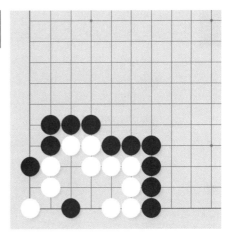

检查

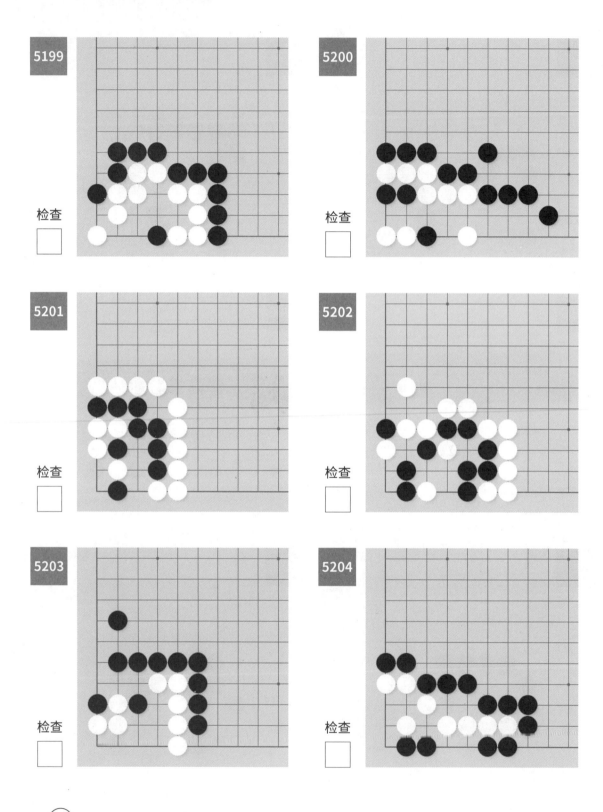

5205

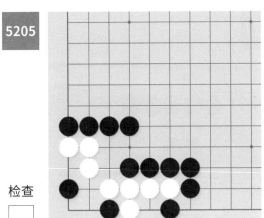

检查 ☐

5206

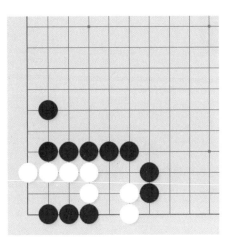

检查 ☐

5207

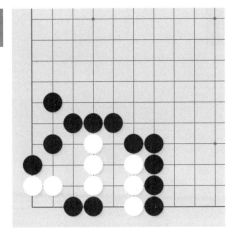

检查 ☐

5208

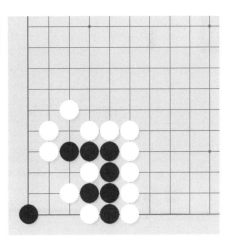

检查 ☐

5209

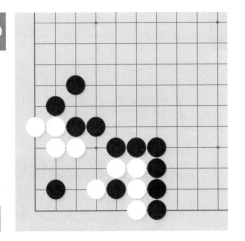

检查 ☐

5210

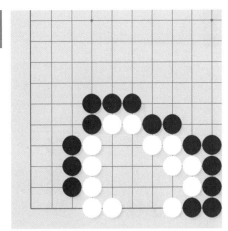

检查 ☐

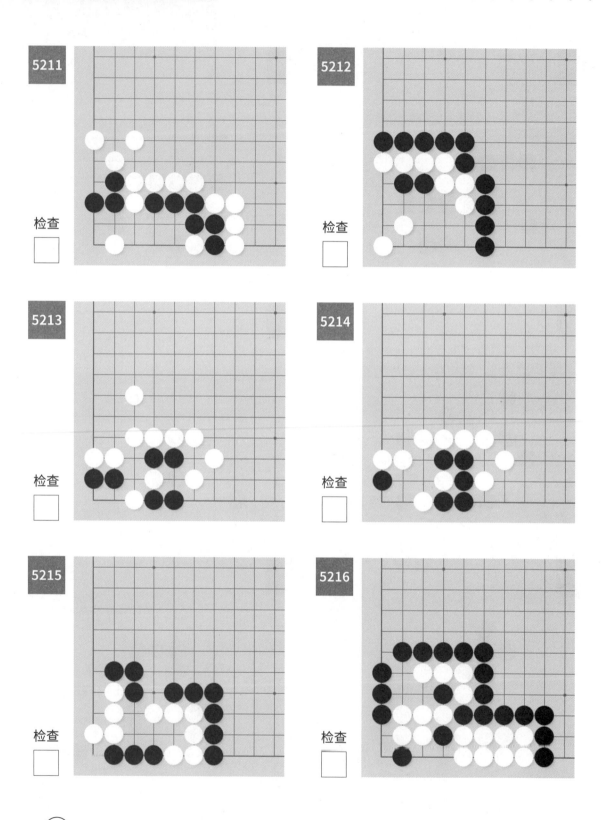

5211　检查 □

5212　检查 □

5213　检查 □

5214　检查 □

5215　检查 □

5216　检查 □

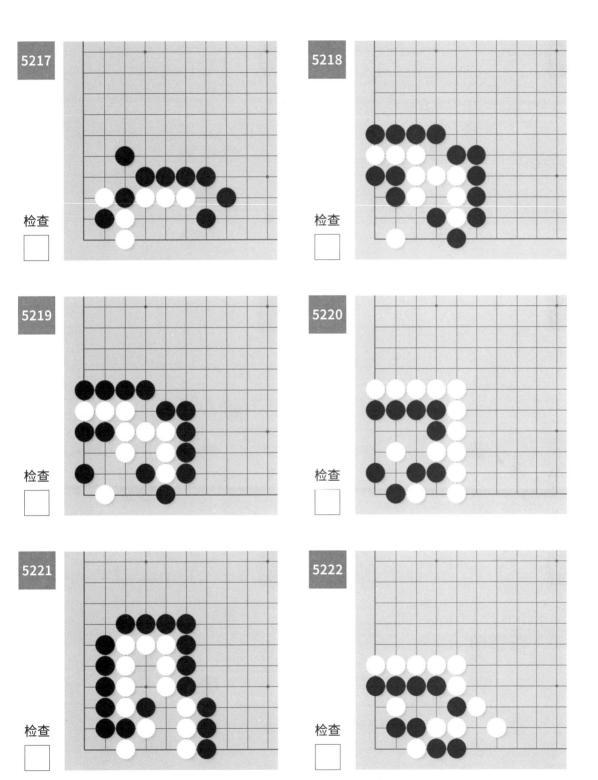

5217 检查

5218 检查

5219 检查

5220 检查

5221 检查

5222 检查

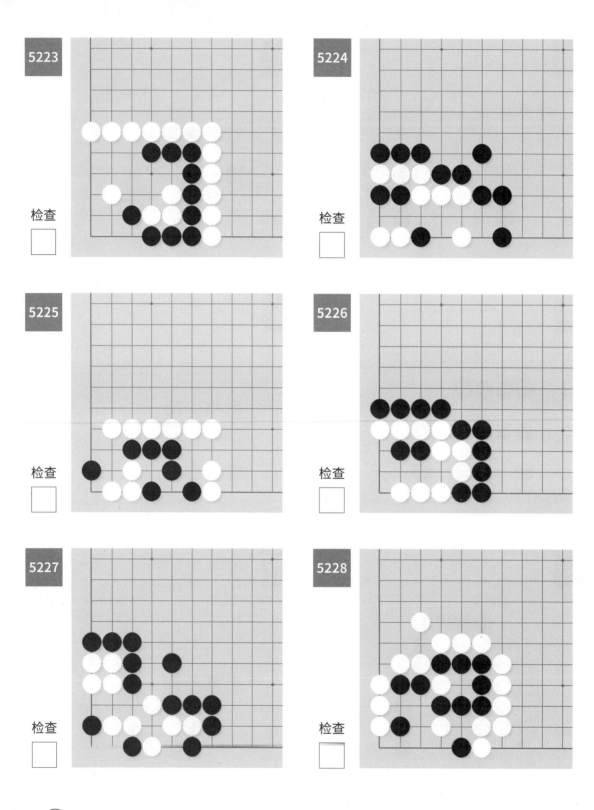

5229

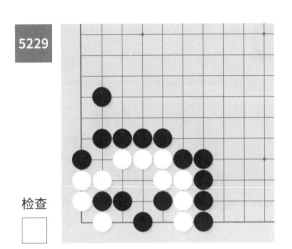

检查

5230

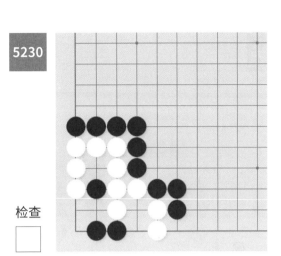

检查

5231

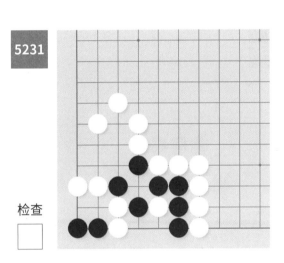

检查

5232

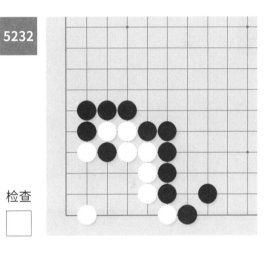

检查

5233

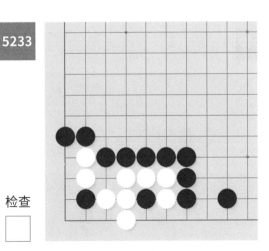

检查

5234

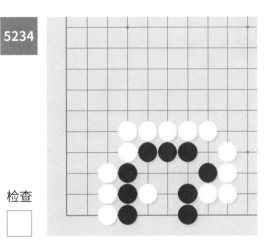

检查

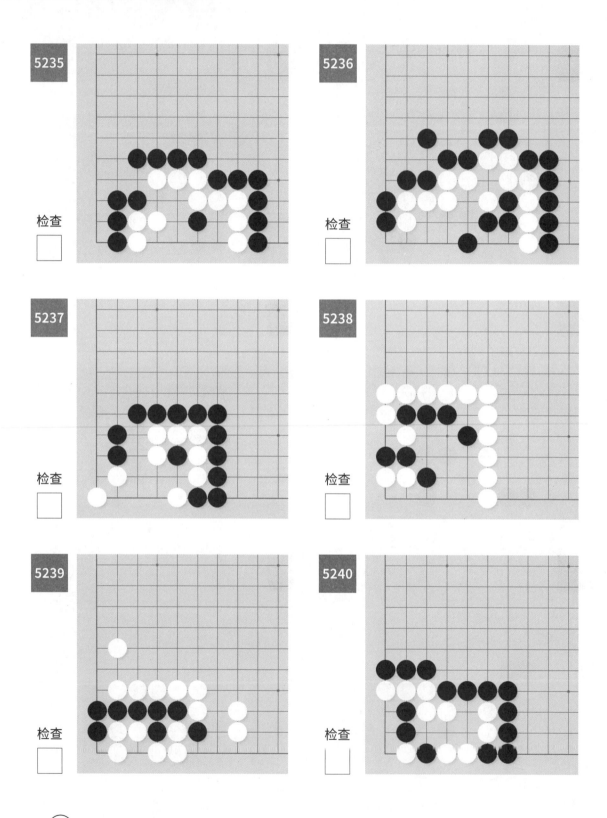

5241

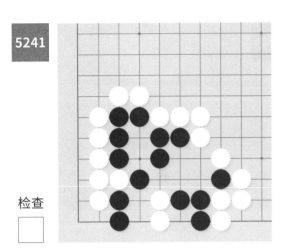

检查

5242

检查

5243

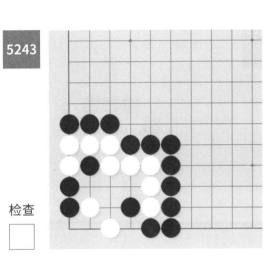

检查

5244

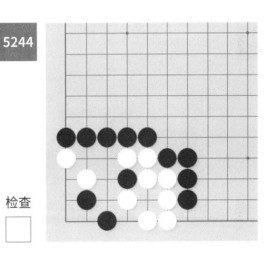

检查

5245

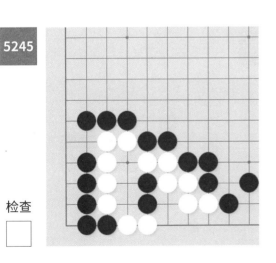

检查

5246

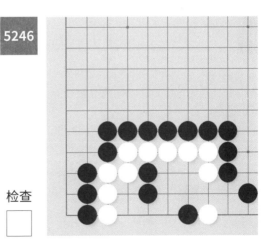

检查

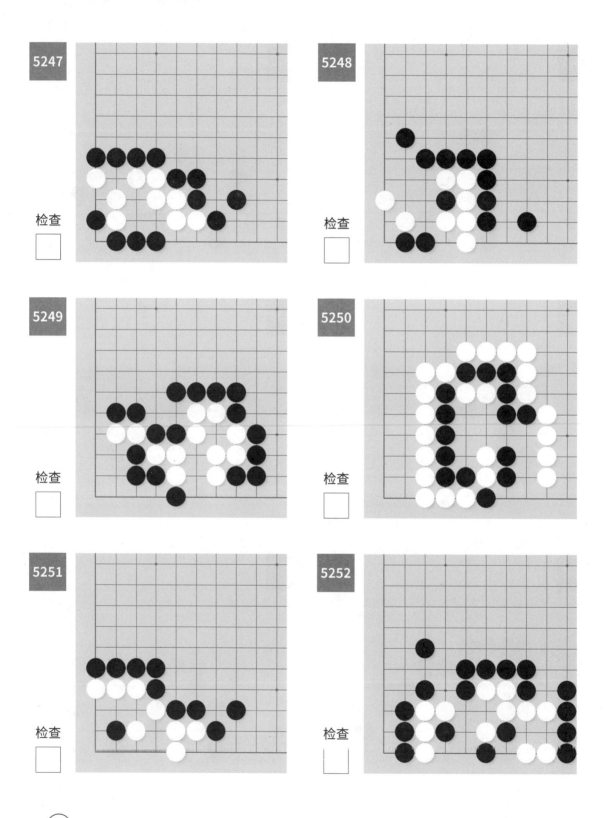

5247

检查

5248

检查

5249

检查

5250

检查

5251

检查

5252

检查

5253

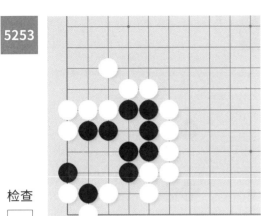

检查

5254

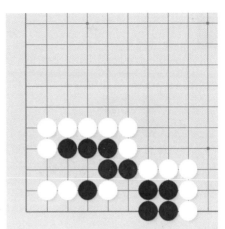

检查

5255

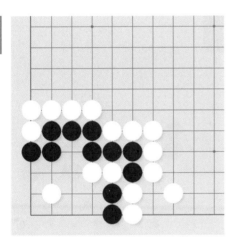

检查

5256

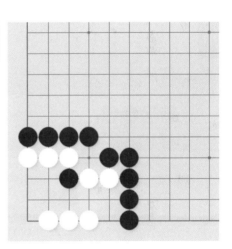

检查

5257

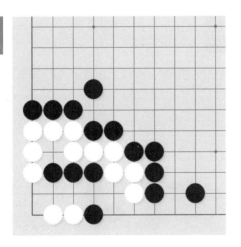

检查

5258

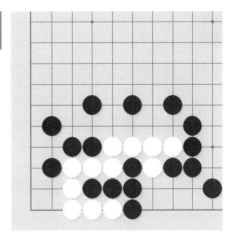

检查

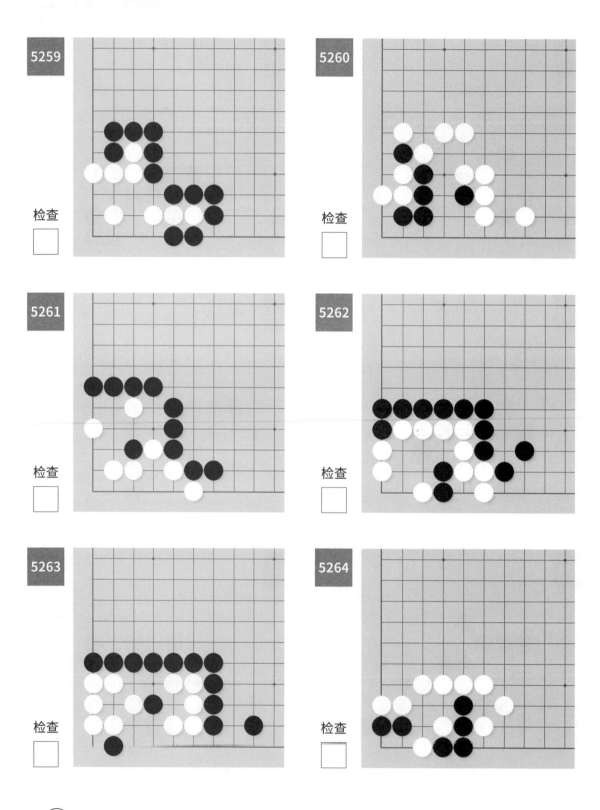

5265

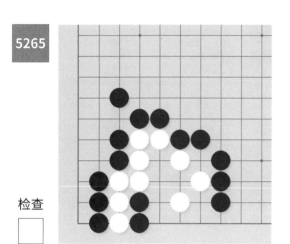

检查

5266

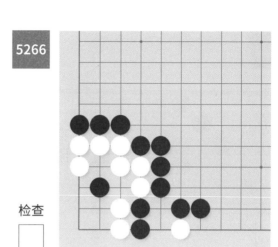

检查

5267

检查

5268

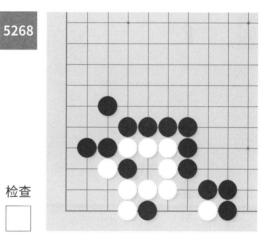

检查

5269

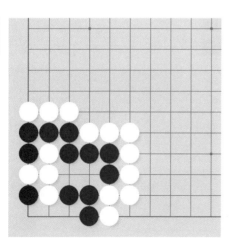

检查

5270

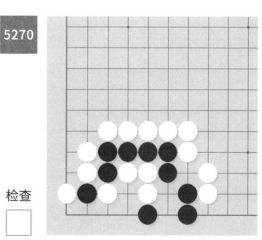

检查

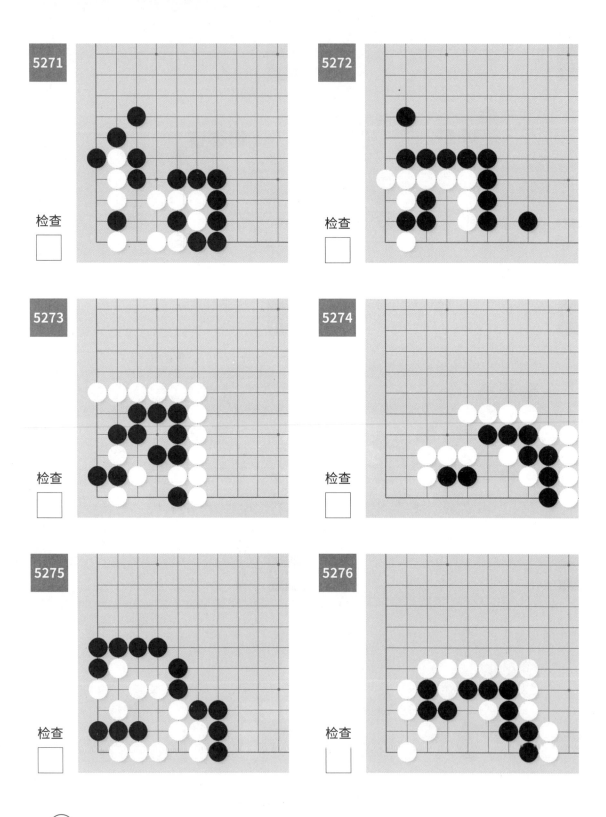

5271 检查

5272 检查

5273 检查

5274 检查

5275 检查

5276 检查

5277

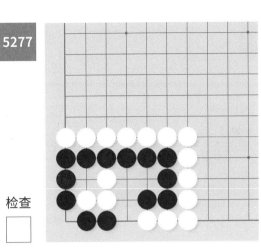

检查

5278

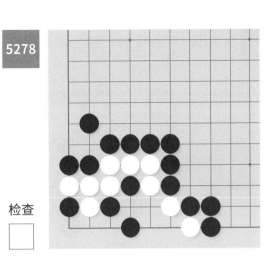

检查

5279

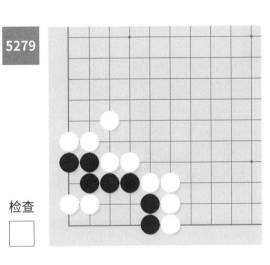

检查

5280

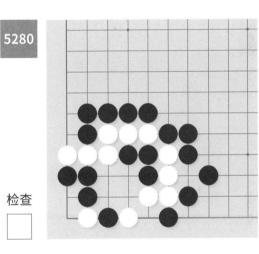

检查

5281

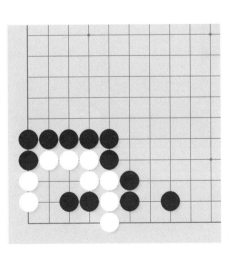

检查

5282

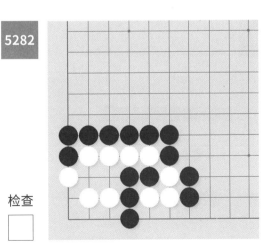

检查

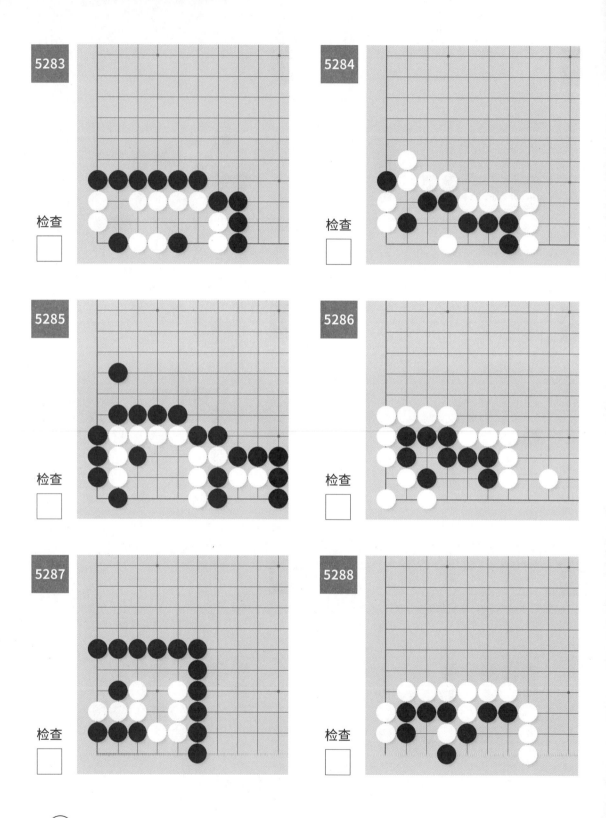

5289

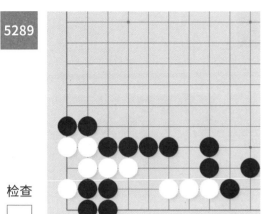

检查

5290

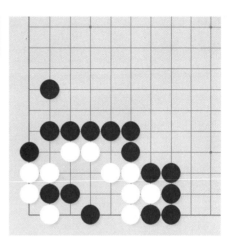

检查

5291

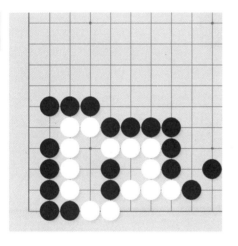

检查

5292

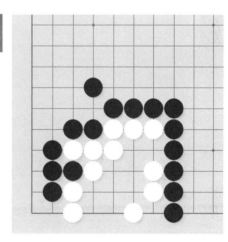

检查

5293

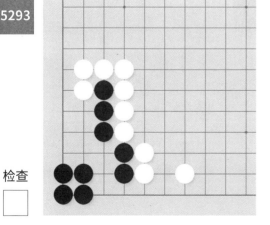

检查

5294

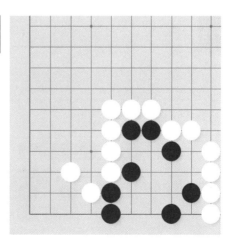

检查

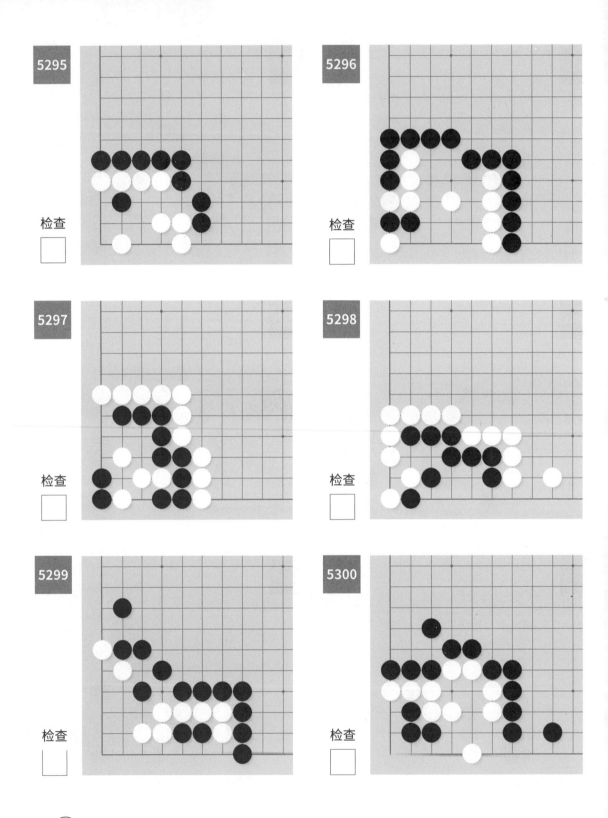

5301

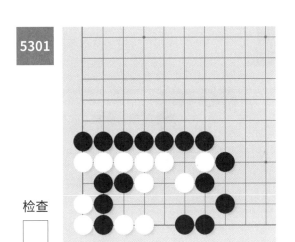

检查

5302

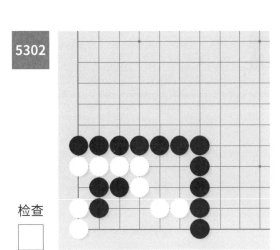

检查

5303

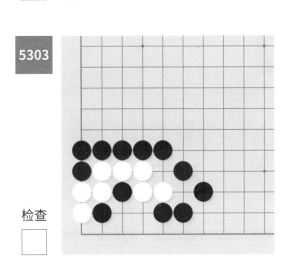

检查

5304

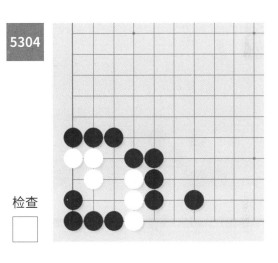

检查

5305

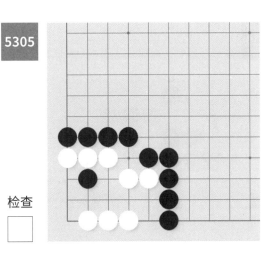

检查

5306

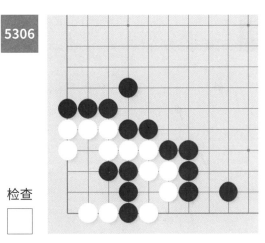

检查

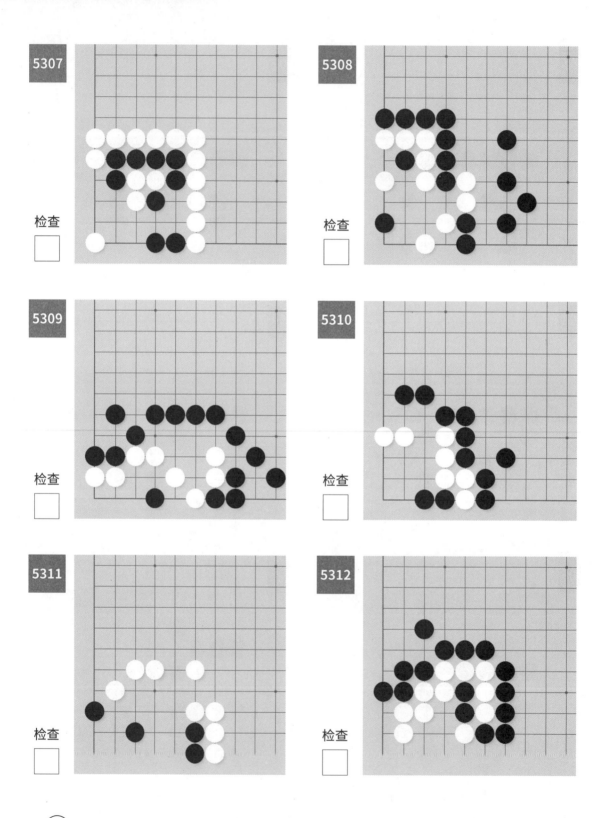

5313
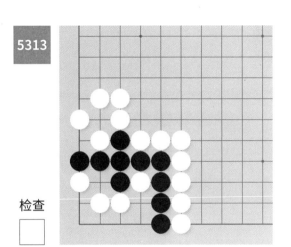

检查

5314
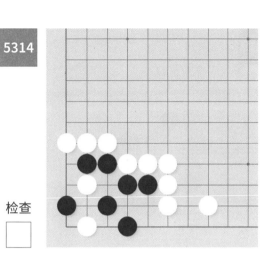

检查

5315
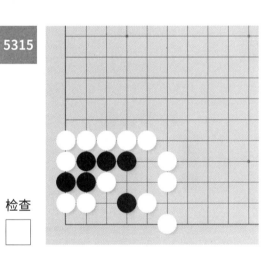

检查

5316
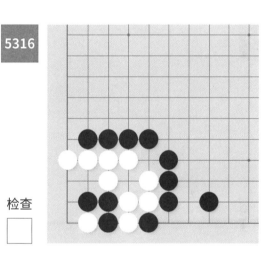

检查

5317
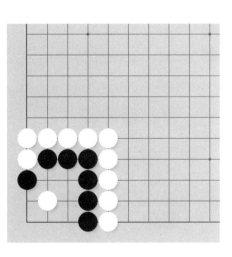

检查

5318
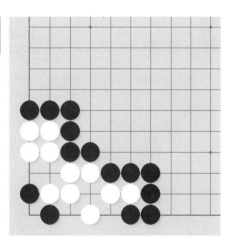

检查

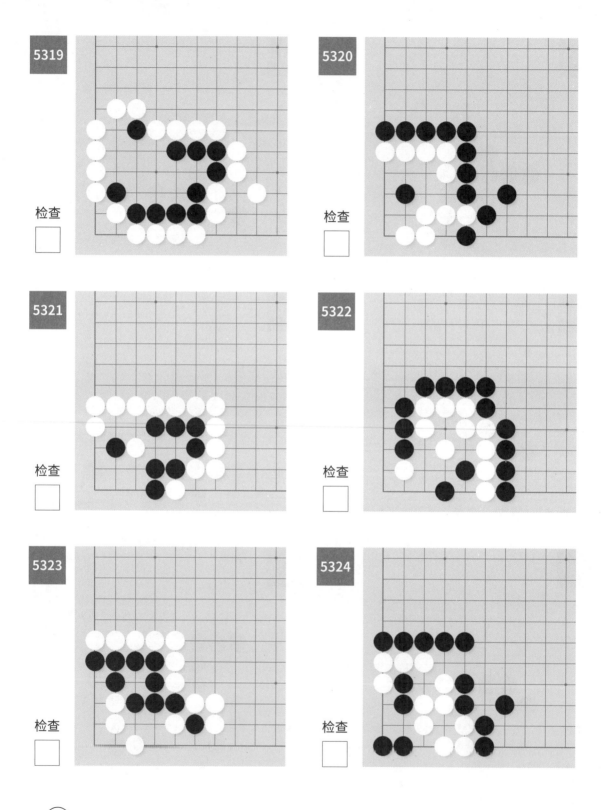

5325

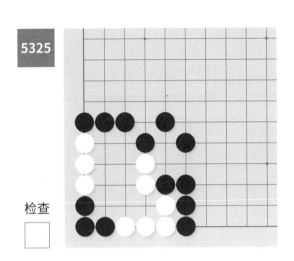

检查 □

5326

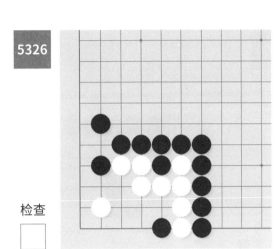

检查 □

5327

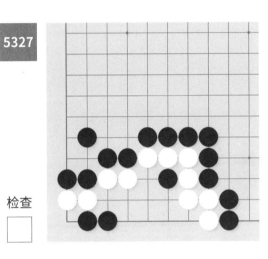

检查 □

5328

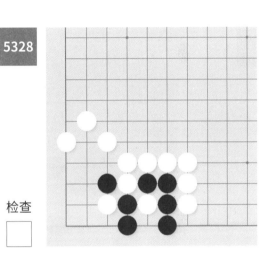

检查 □

5329

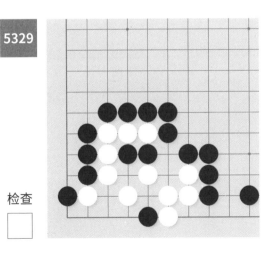

检查 □

5330

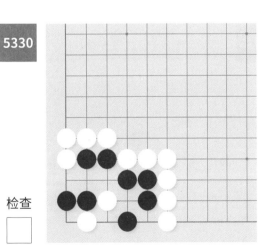

检查 □

5331

检查

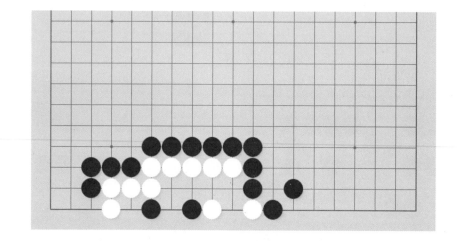

5332

检查

5333

检查

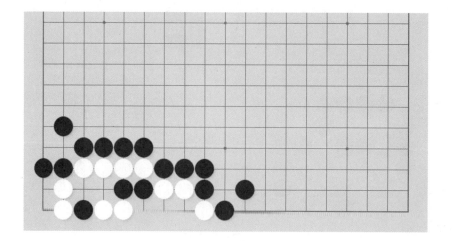

5334

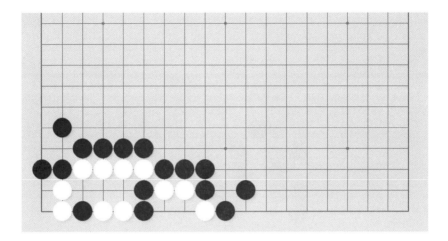

检查

5335

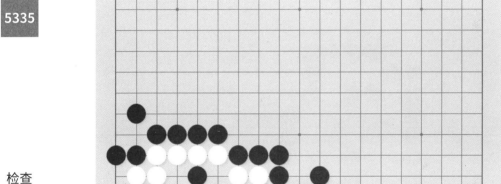

检查

5336

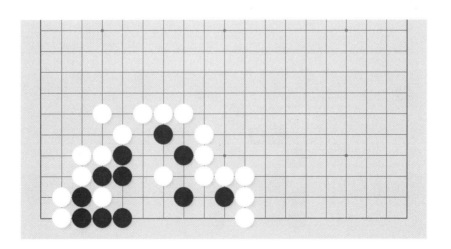

检查

5337

检查

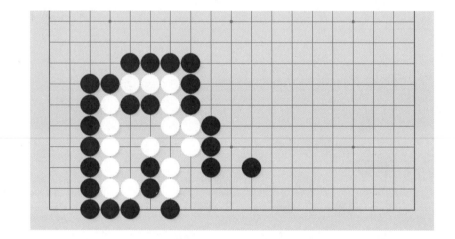

5338

检查

5339

检查

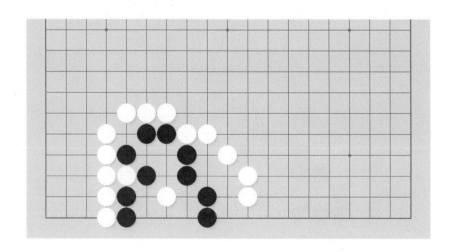

5340

检查
☐

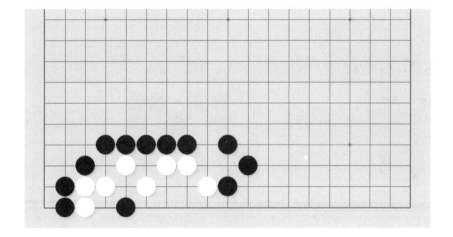

5341

检查
☐

5342

检查
☐

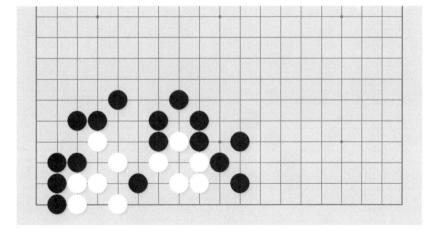

5343

检查

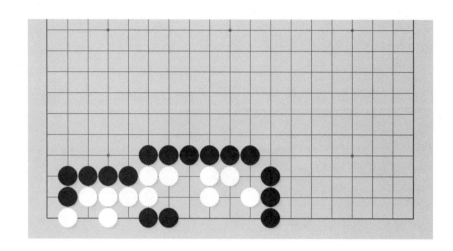

5344

检查

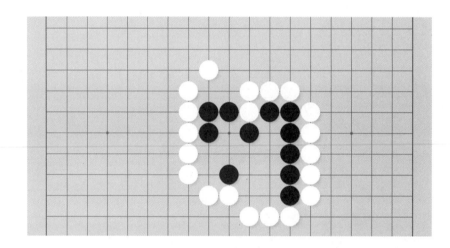

5345

检查

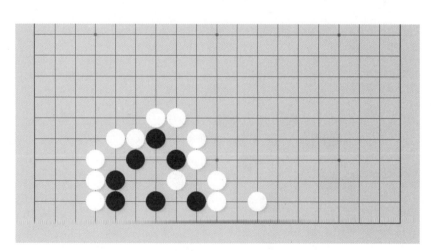

5346

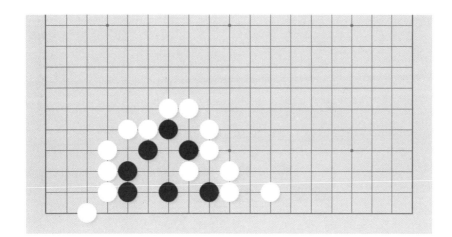

检查 ☐

5347

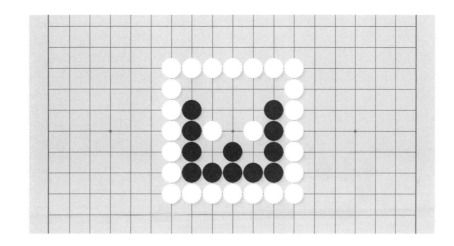

检查 ☐

5348

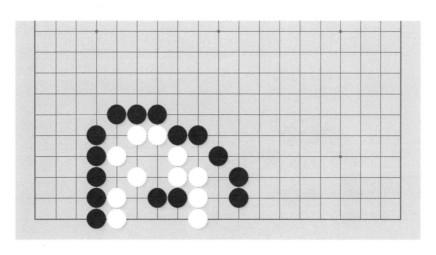

检查 ☐

5349

检查

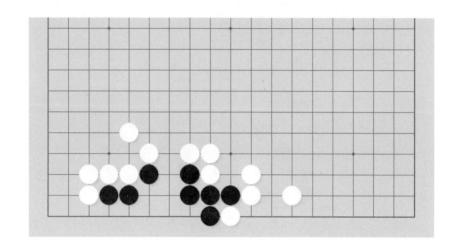

5350

检查

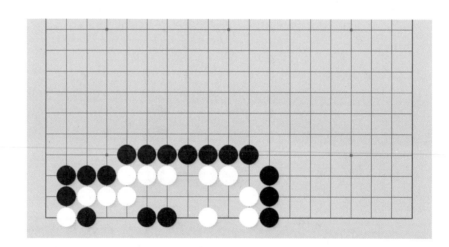

5351

检查

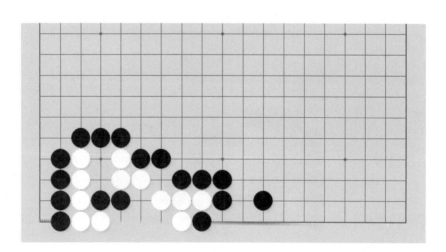

5352

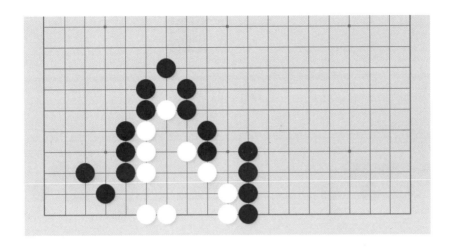

检查

5353

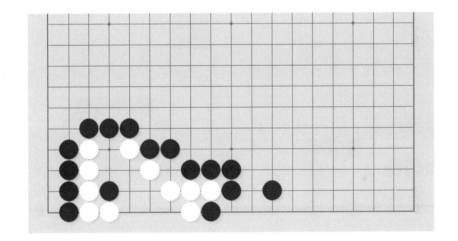

检查

5354

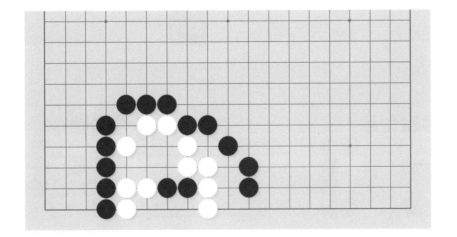

检查

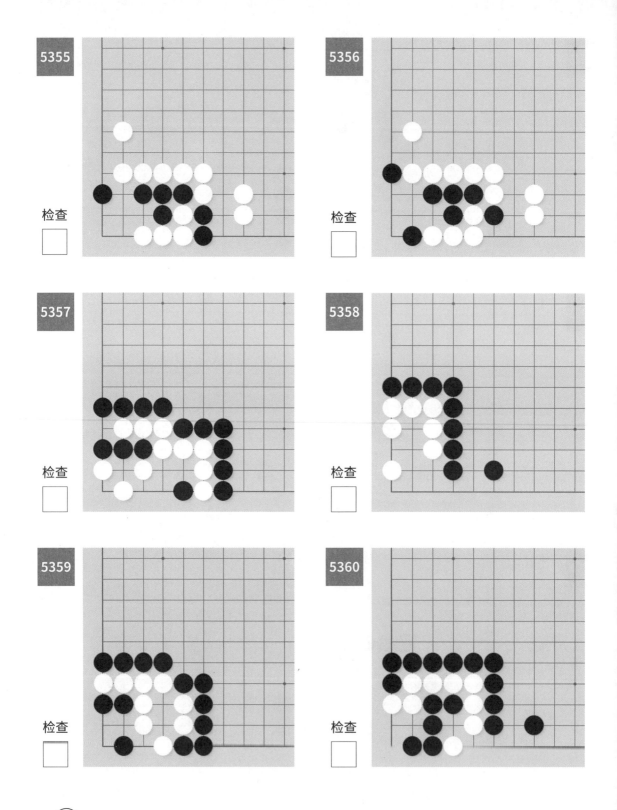

5361

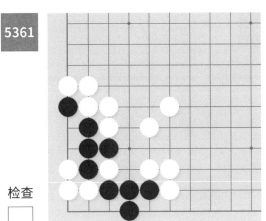

检查

5362

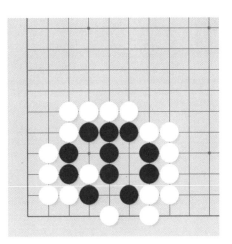

检查

5363

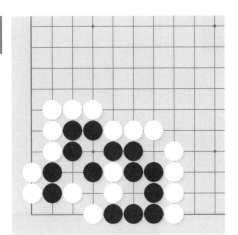

检查

5364

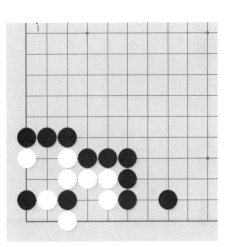

检查

5365

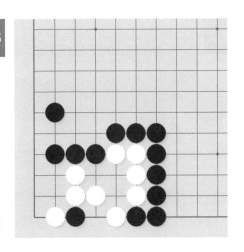

检查

5366

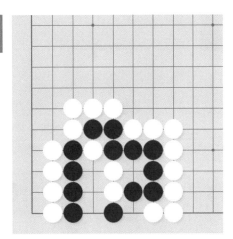

检查

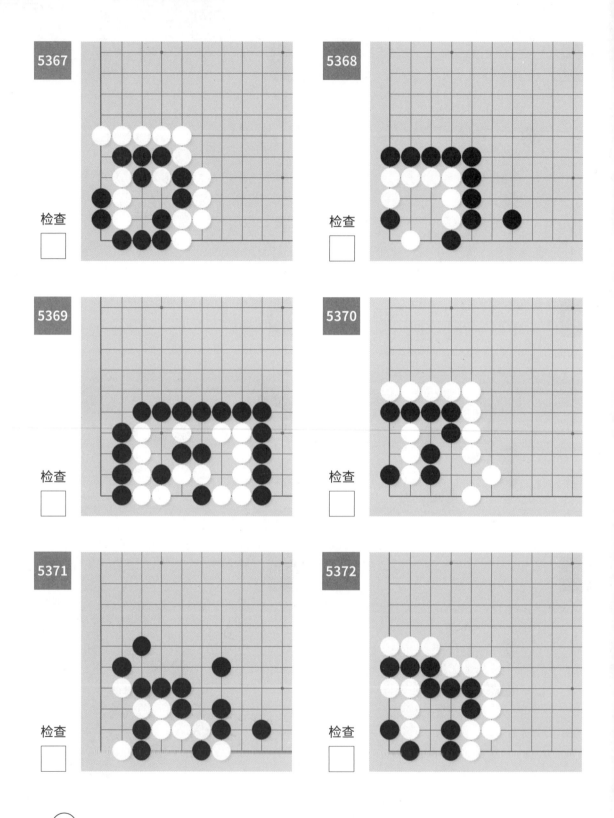

5367

检查

5368

检查

5369

检查

5370

检查

5371

检查

5372

检查

5373

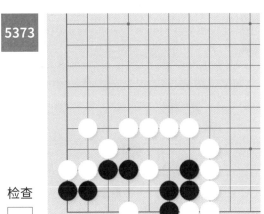

检查

5374

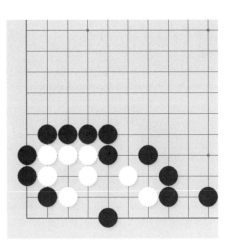

检查

5375

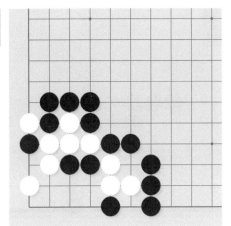

检查

5376

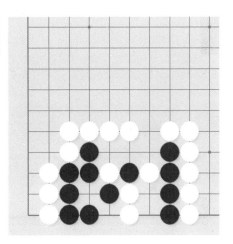

检查

5377

检查

5378

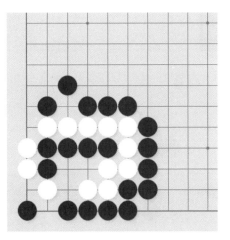

检查

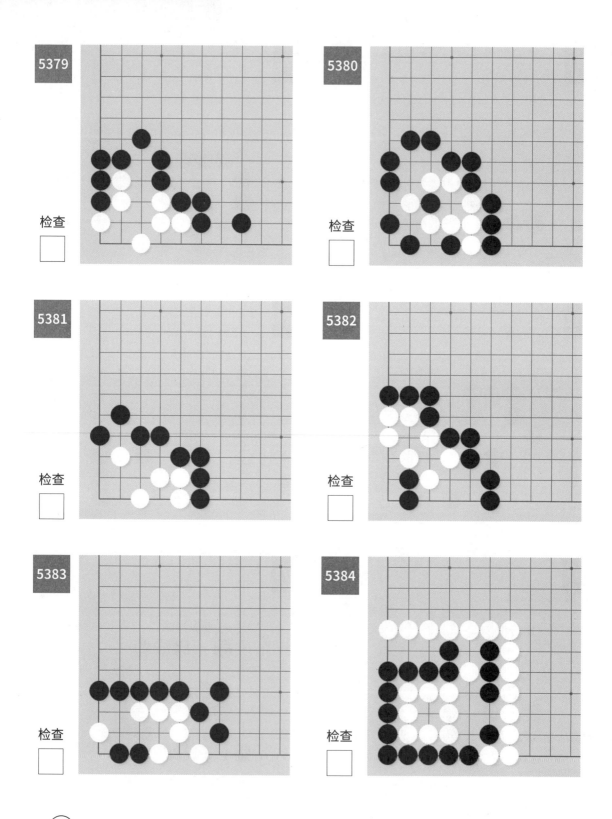

5385

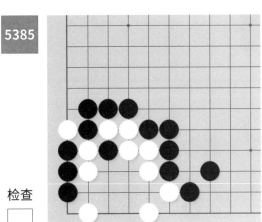

检查 ☐

5386

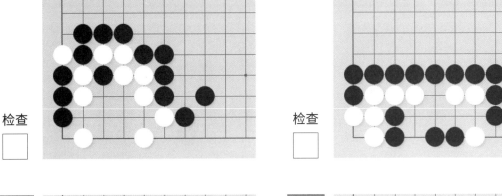

检查 ☐

5387

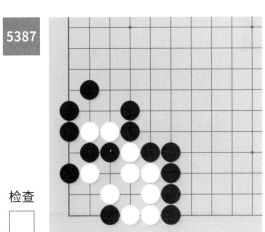

检查 ☐

5388

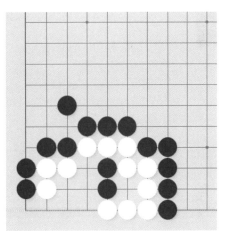

检查 ☐

5389

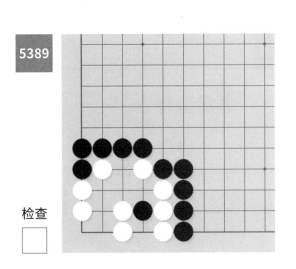

检查 ☐

5390

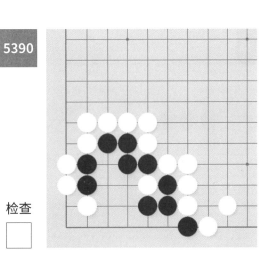

检查 ☐

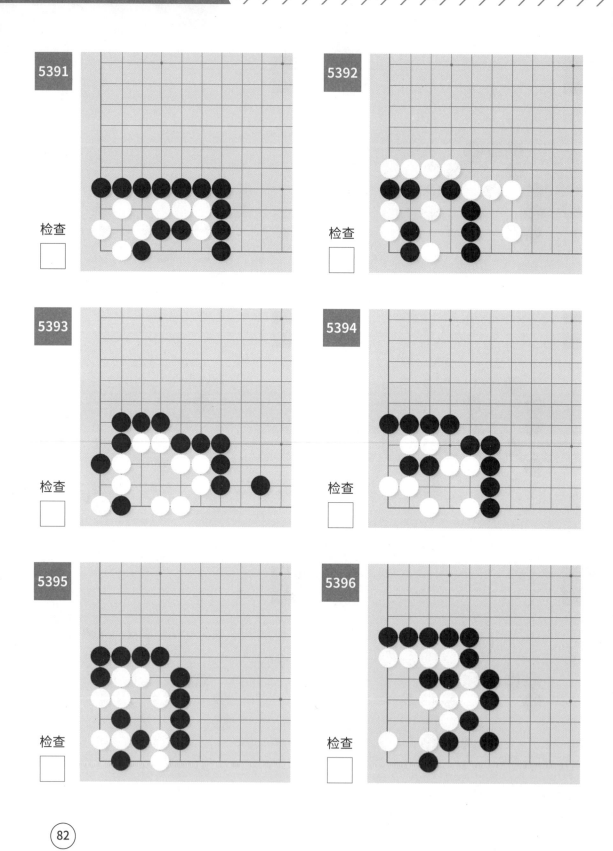

5391　检查 □

5392　检查 □

5393　检查 □

5394　检查 □

5395　检查 □

5396　检查 □

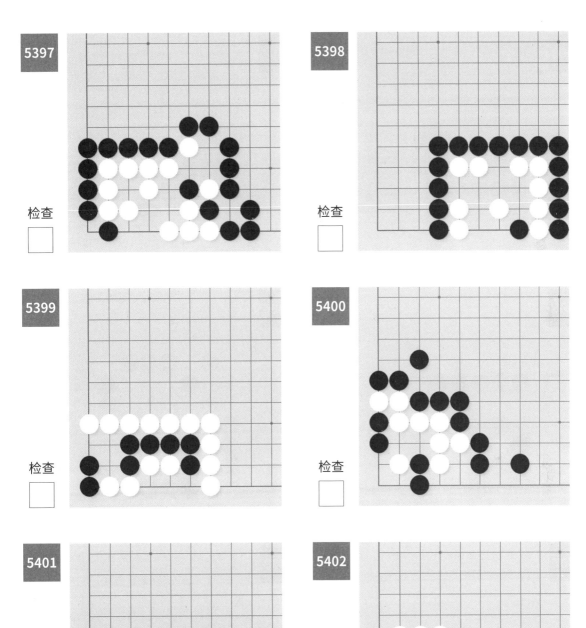

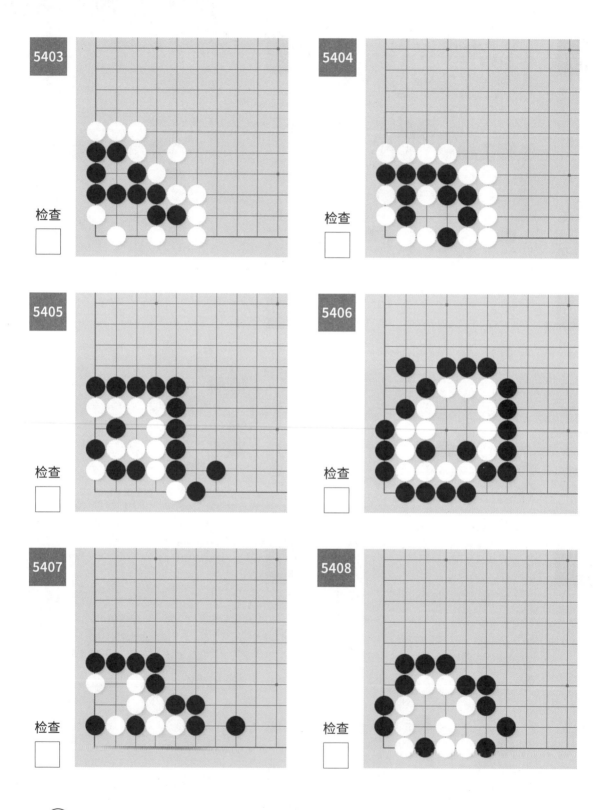

5403

检查

5404

检查

5405

检查

5406

检查

5407

检查

5408

检查

5409
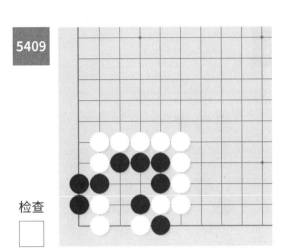
检查

5410
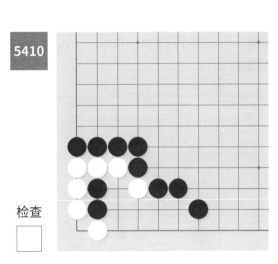
检查

5411
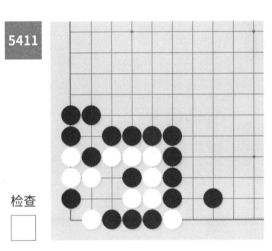
检查

5412
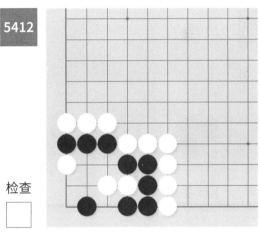
检查

5413
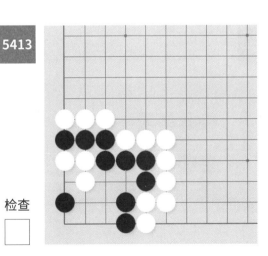
检查

5414
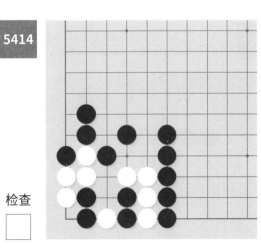
检查

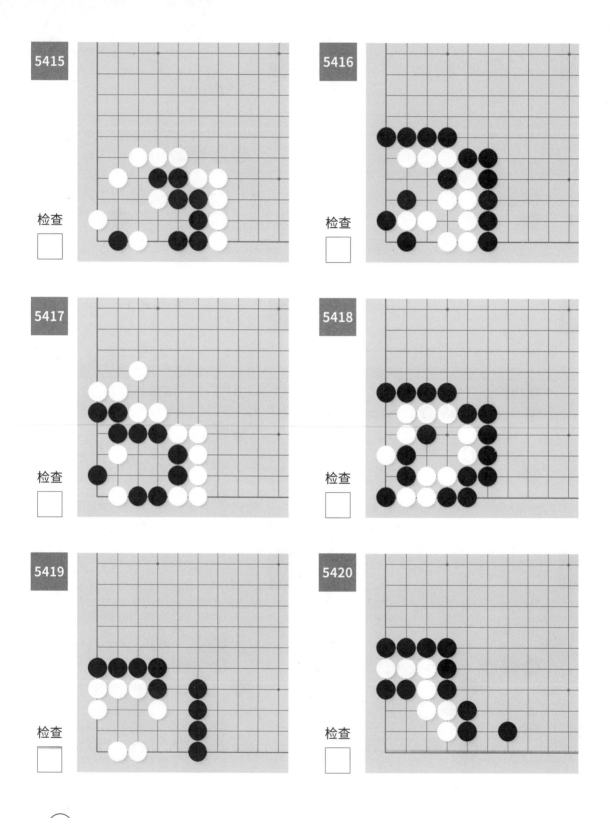

5421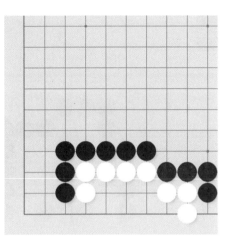

检查 ☐

5422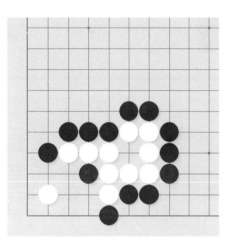

检查 ☐

5423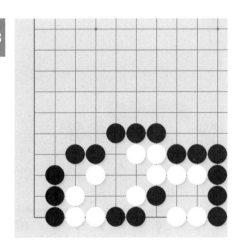

检查 ☐

5424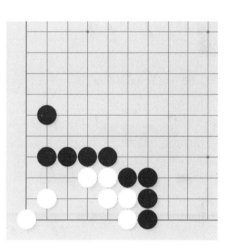

检查 ☐

5425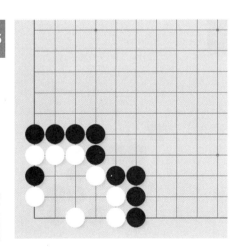

检查 ☐

5426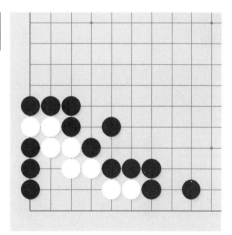

检查 ☐

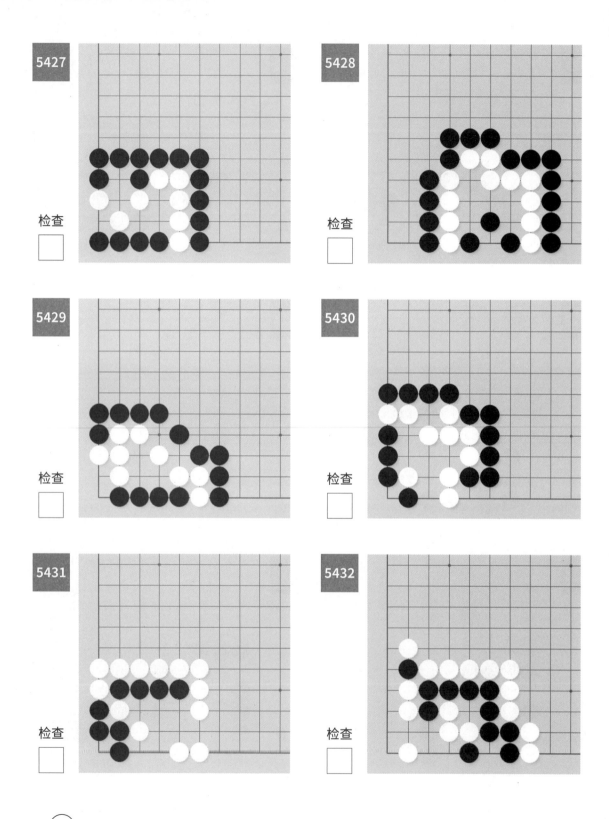

5433

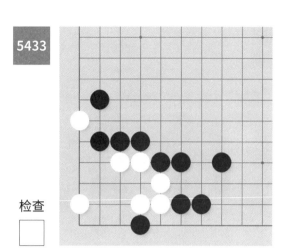

检查

5434

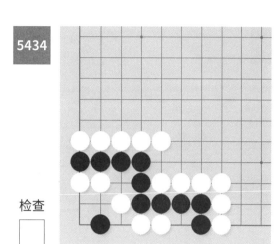

检查

5435

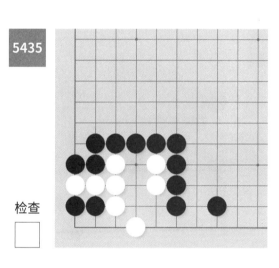

检查

5436

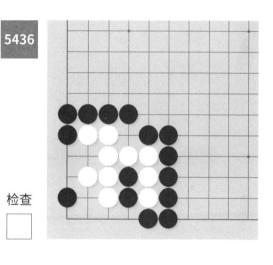

检查

5437

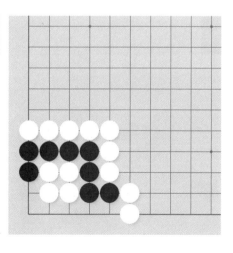

检查

5438

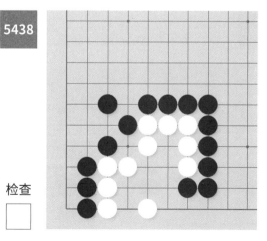

检查

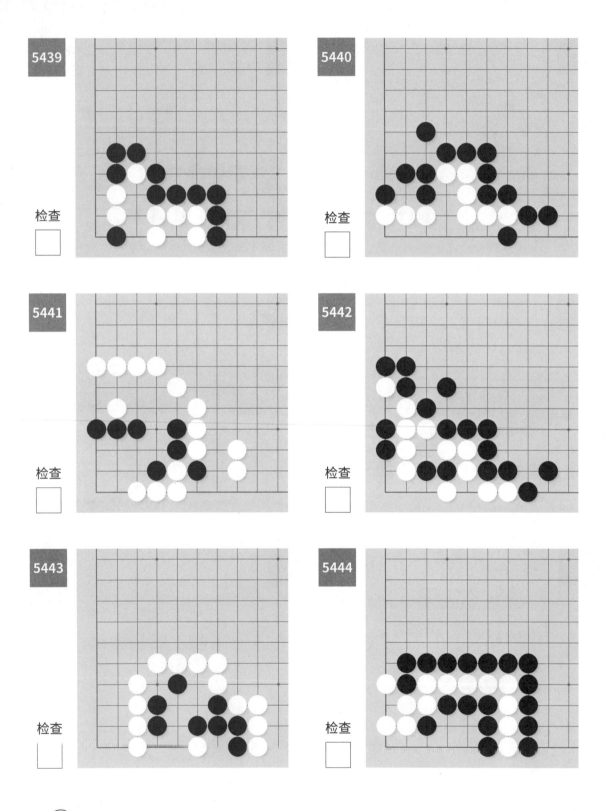

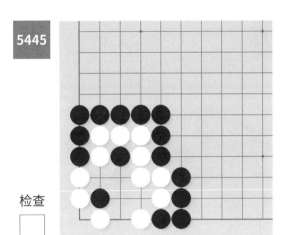

5445 检查

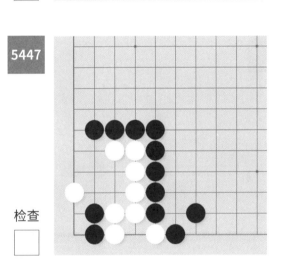

5446 检查

5447 检查

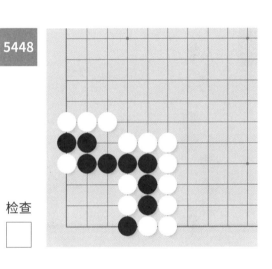

5448 检查

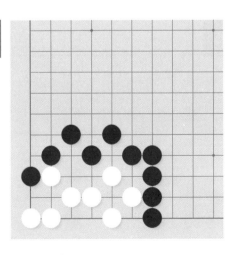

5449 检查

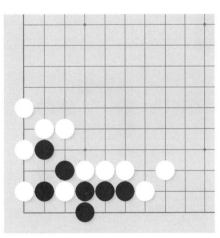

5450 检查

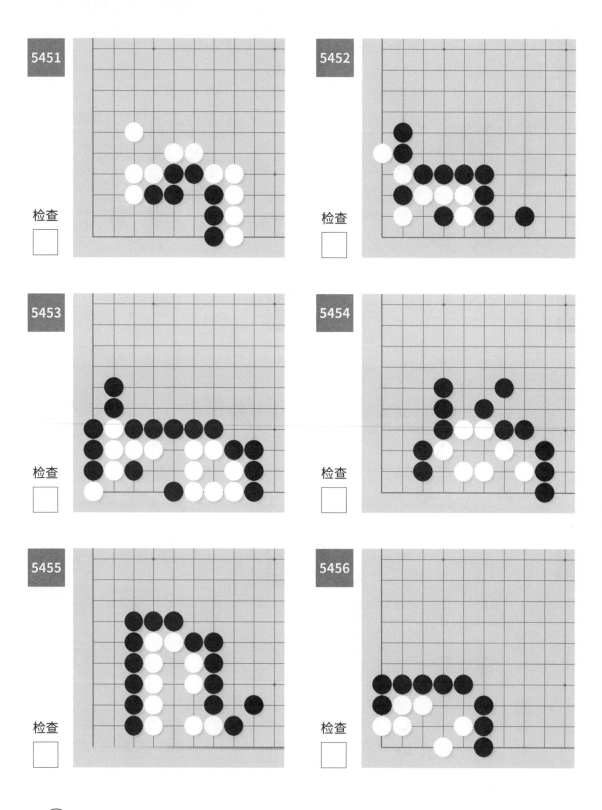

5451 检查

5452 检查

5453 检查

5454 检查

5455 检查

5456 检查

5457

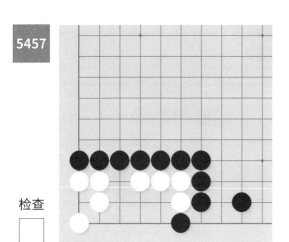

检查 ☐

5458

检查 ☐

5459

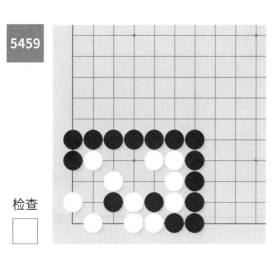

检查 ☐

5460

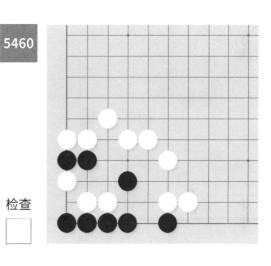

检查 ☐

5461

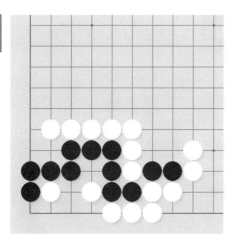

检查 ☐

5462

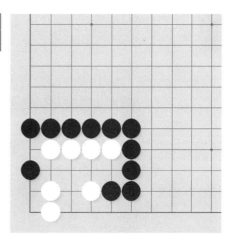

检查 ☐

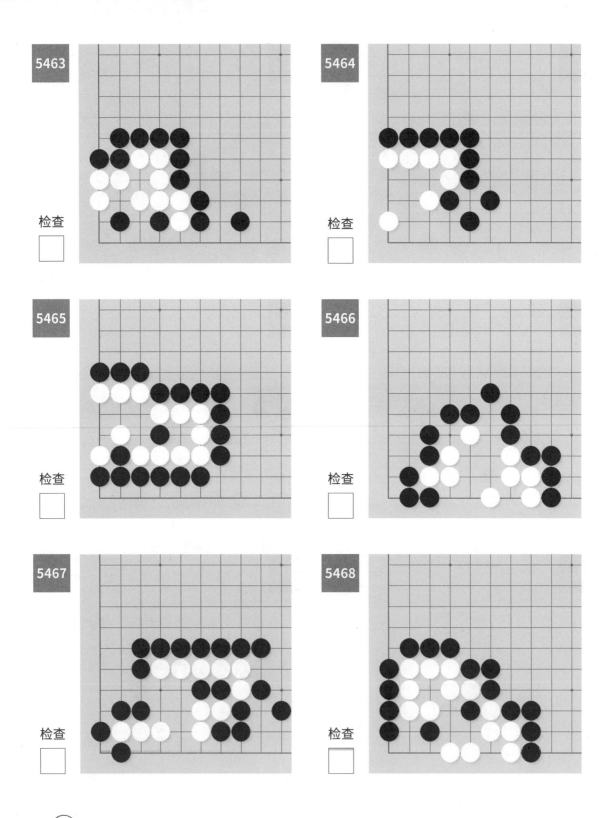

5463 检查

5464 检查

5465 检查

5466 检查

5467 检查

5468 检查

5469

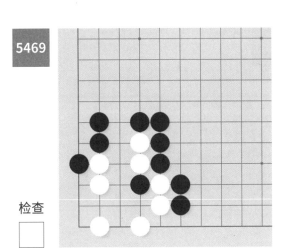

检查

5470

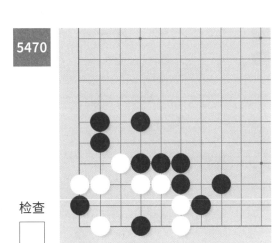

检查

5471

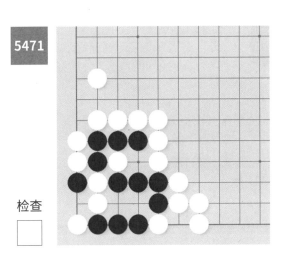

检查

5472

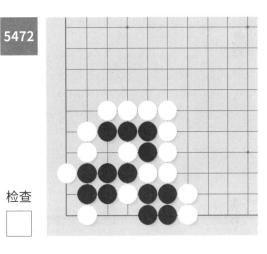

检查

5473

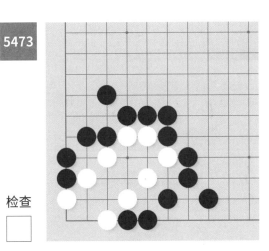

检查

5474

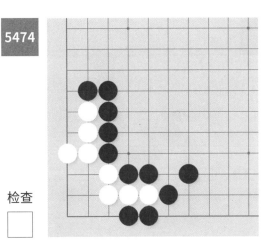

检查

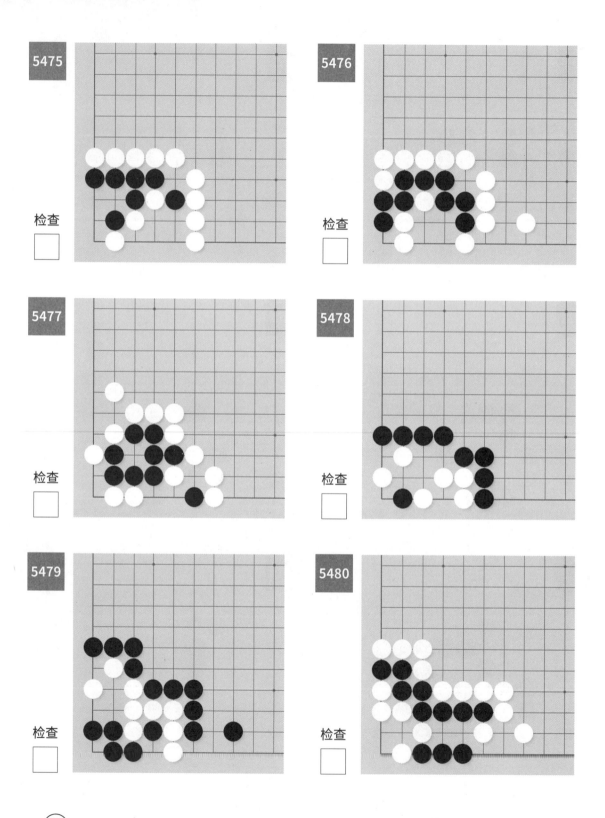

5481

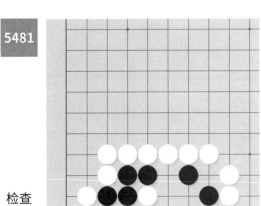

检查

5482

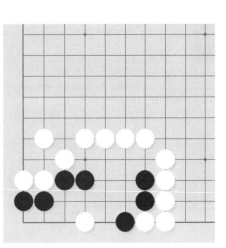

检查

5483

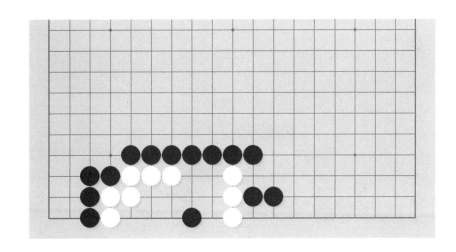

检查

5484

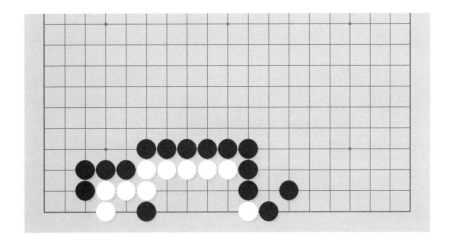

检查

5485

检查

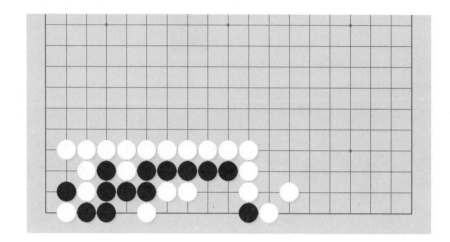

5486

检查

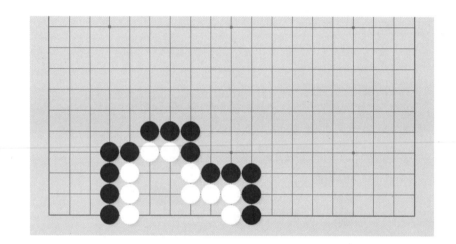

5487

检查

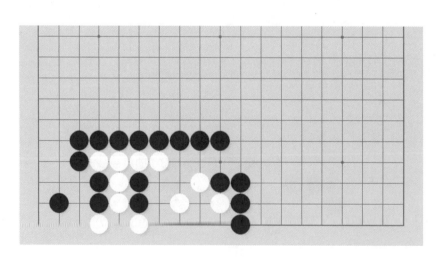

5488

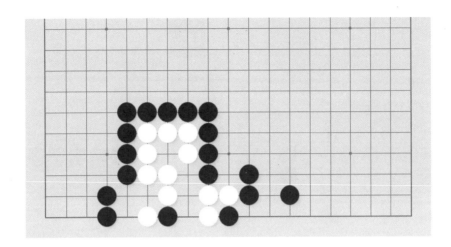

检查

5489

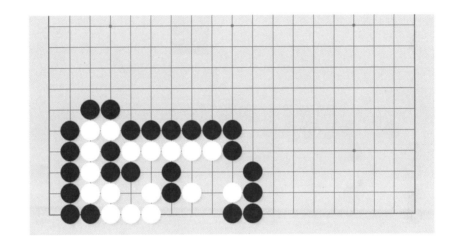

检查

5490

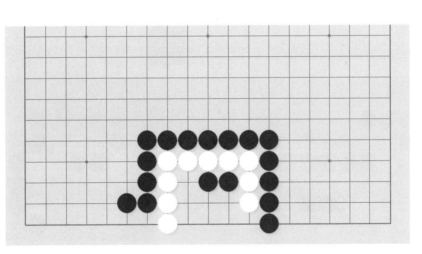

检查

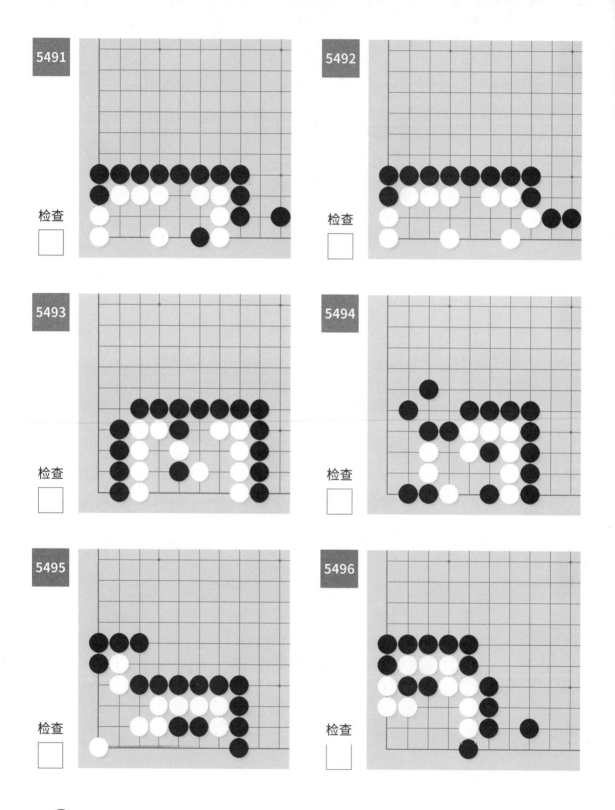

5497

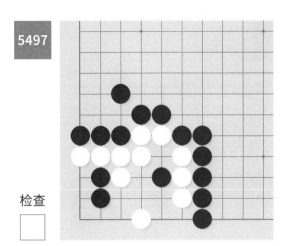

检查

5498

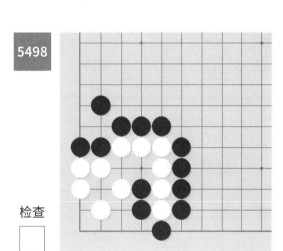

检查

5499

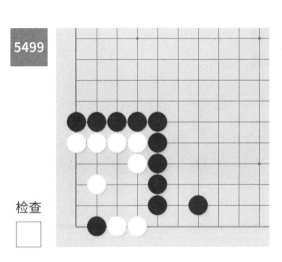

检查

5500

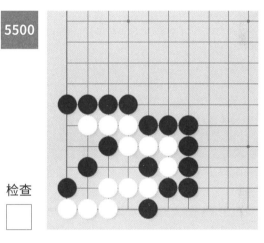

检查

5501

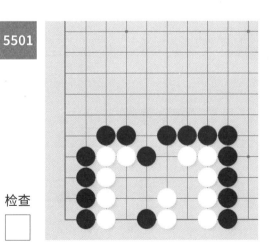

检查

5502

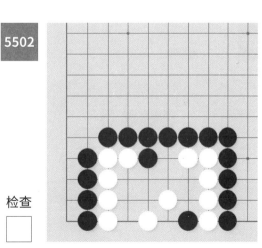

检查

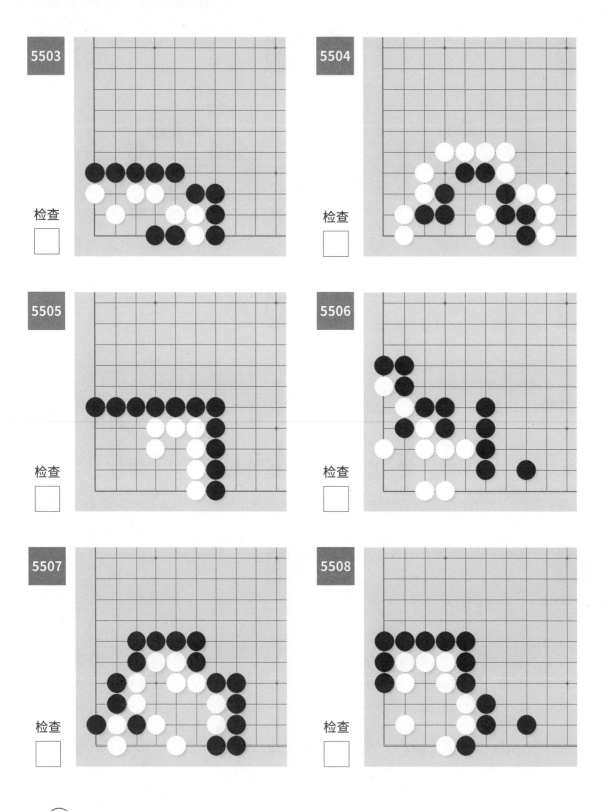

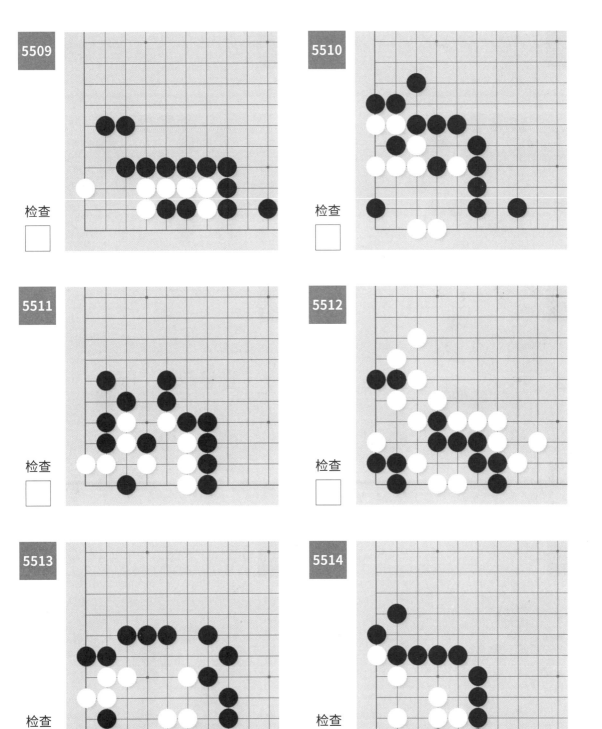

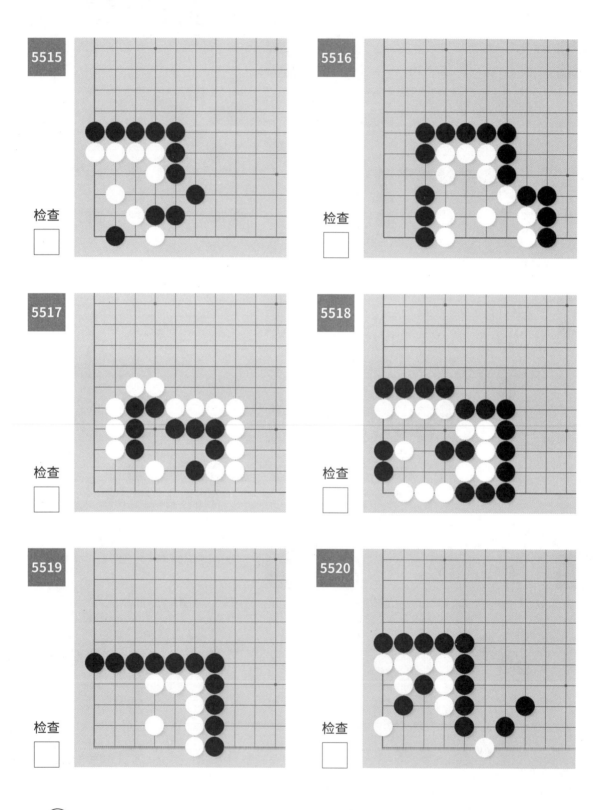

5521

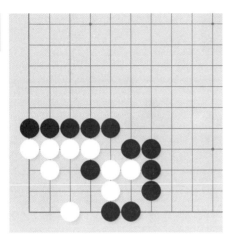

检查

5522

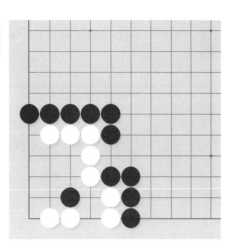

检查

5523

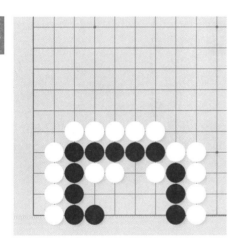

检查

5524

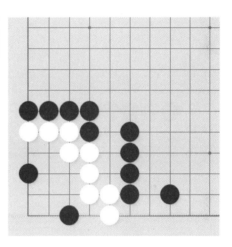

检查

5525

检查

5526

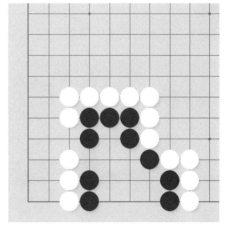

检查

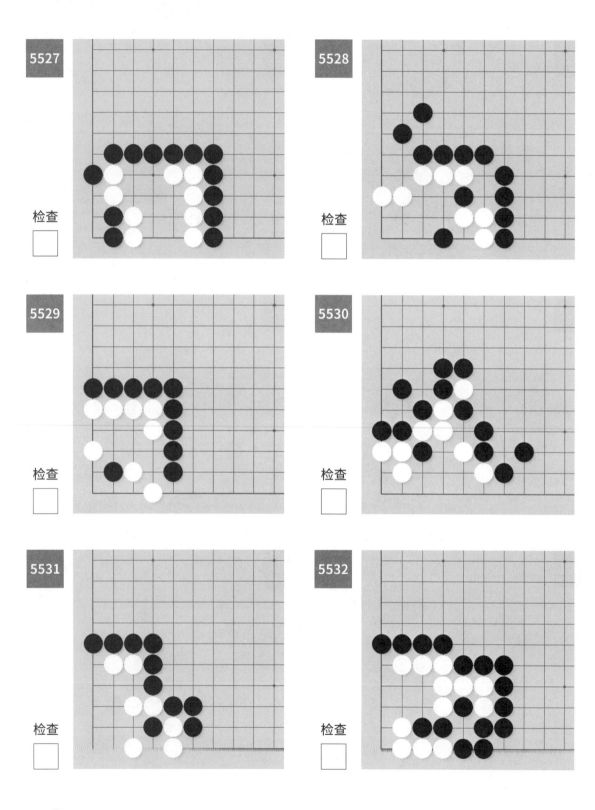

5533

检查

5534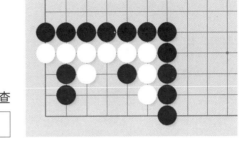

检查

5535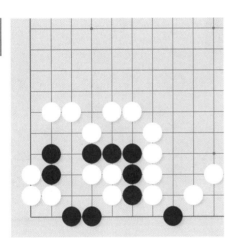

检查

5536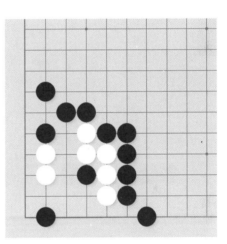

检查

5537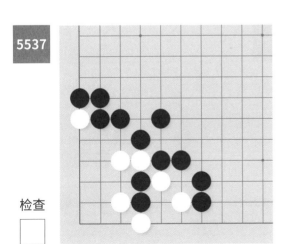

检查

5538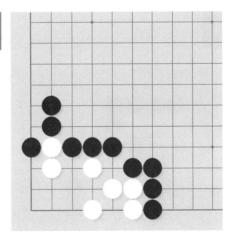

检查

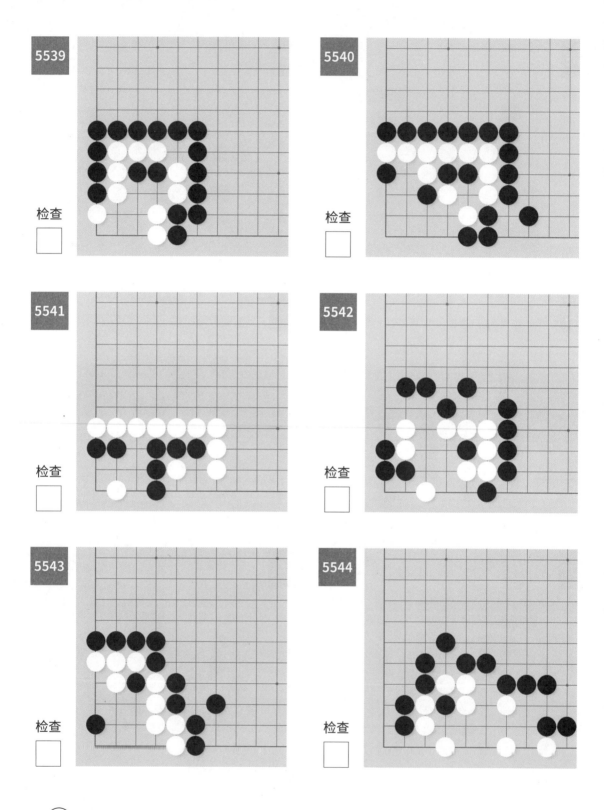

5545

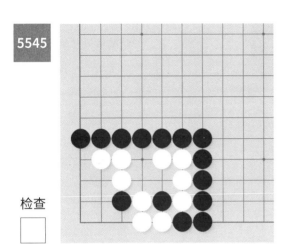

检查

5546

检查

5547

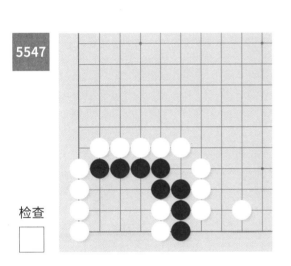

检查

5548

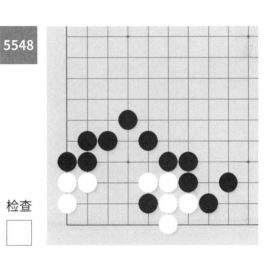

检查

5549

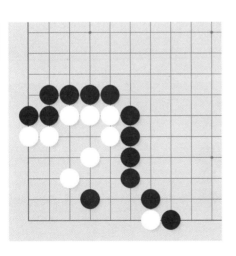

检查

5550

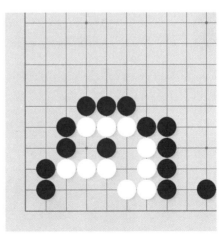

检查

5551 检查 □

5552 检查 □

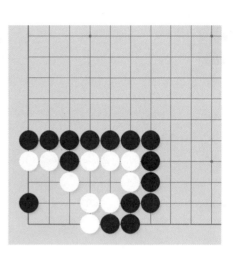

5553 检查 □

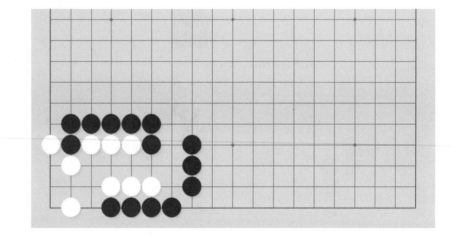

5554 检查 □

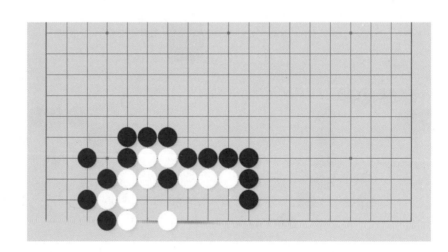

5555

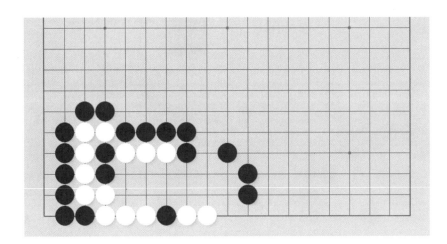

检查 □

5556

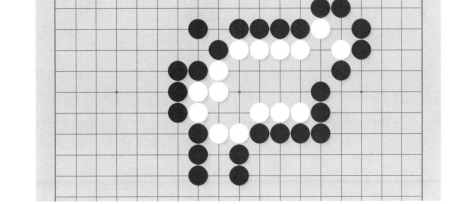

检查 □

5557

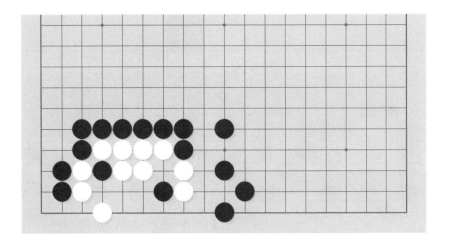

检查 □

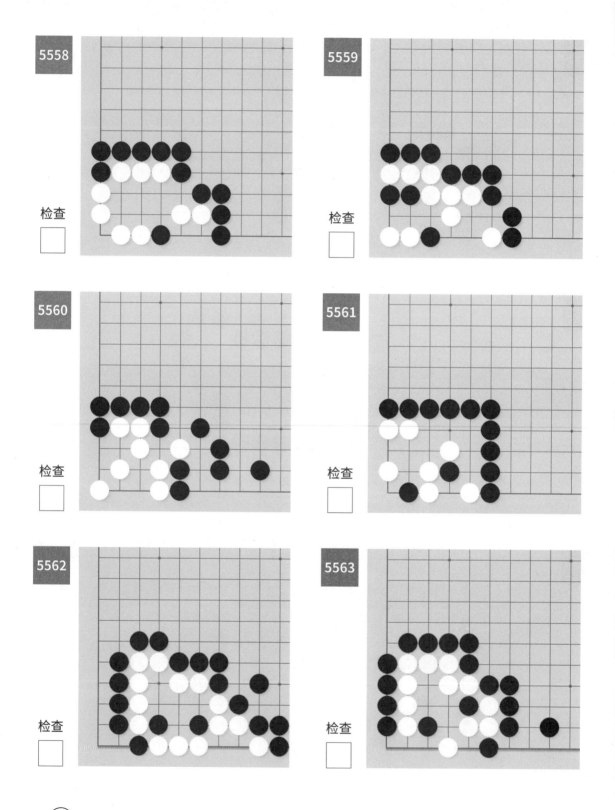

5564

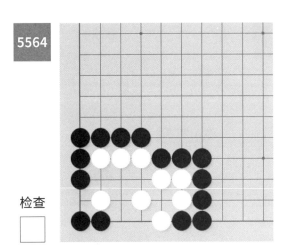

检查

5565

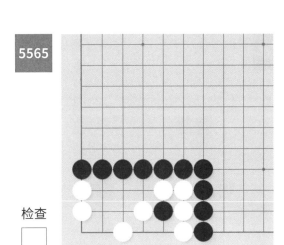

检查

5566

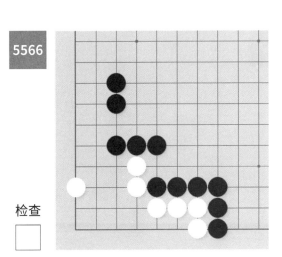

检查

5567

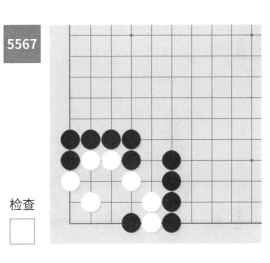

检查

5568

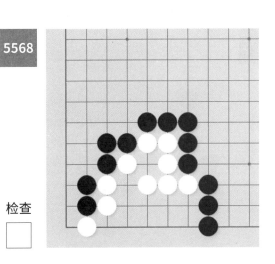

检查

5569

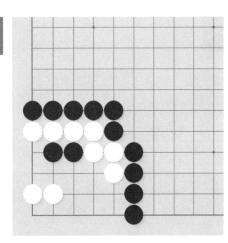

检查

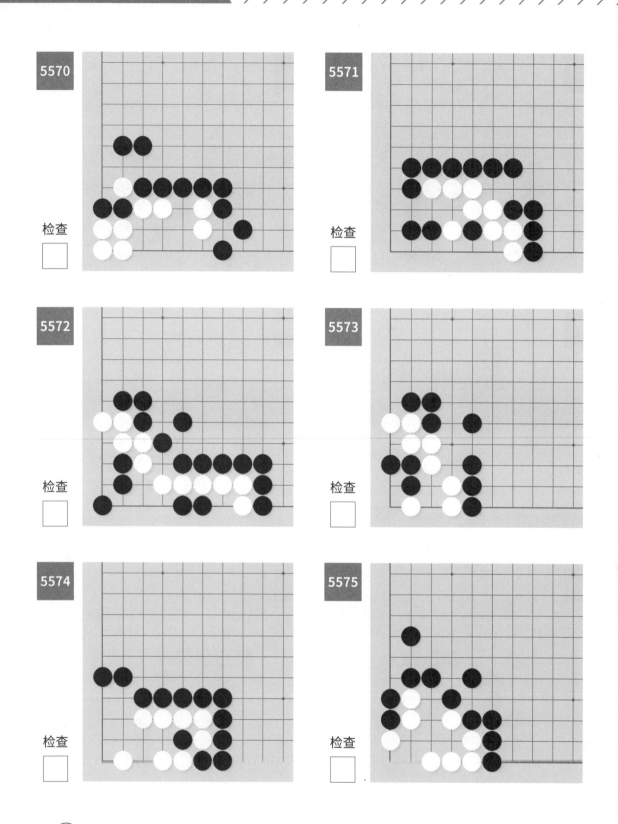

5570 检查

5571 检查

5572 检查

5573 检查

5574 检查

5575 检查

5576

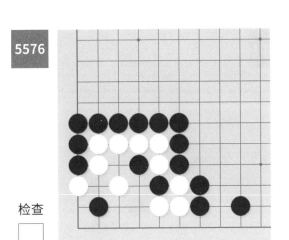

检查 ☐

5577

检查 ☐

5578

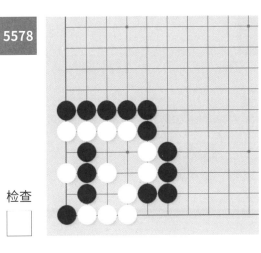

检查 ☐

5579

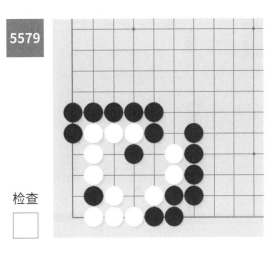

检查 ☐

5580

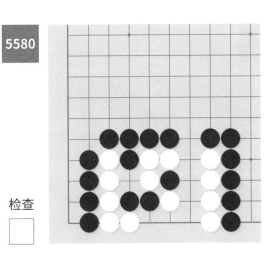

检查 ☐

5581

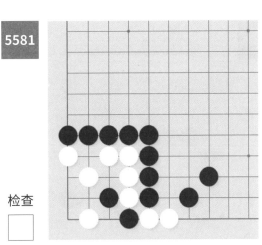

检查 ☐

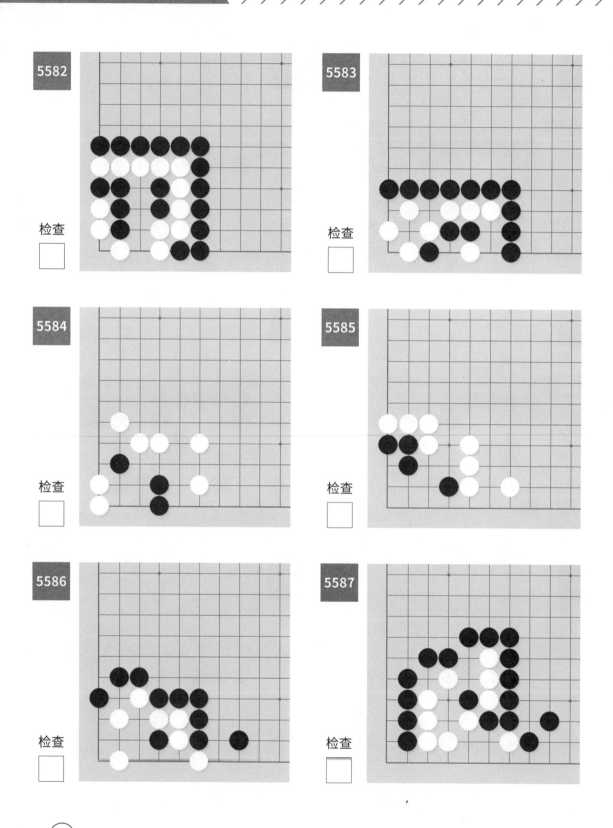

5582
检查

5583
检查

5584
检查

5585
检查

5586
检查

5587
检查

5588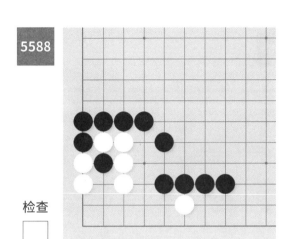

检查 ☐

5589

检查 ☐

5590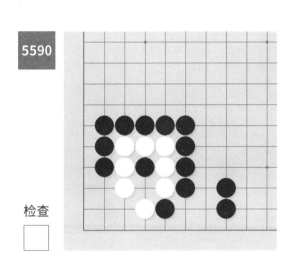

检查 ☐

5591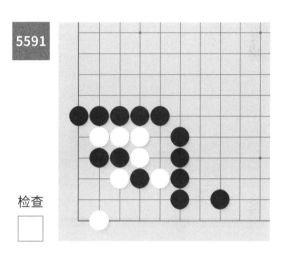

检查 ☐

5592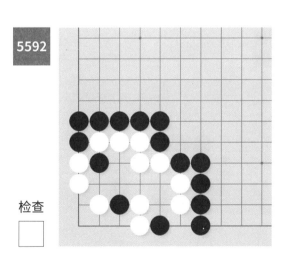

检查 ☐

5593

检查 ☐

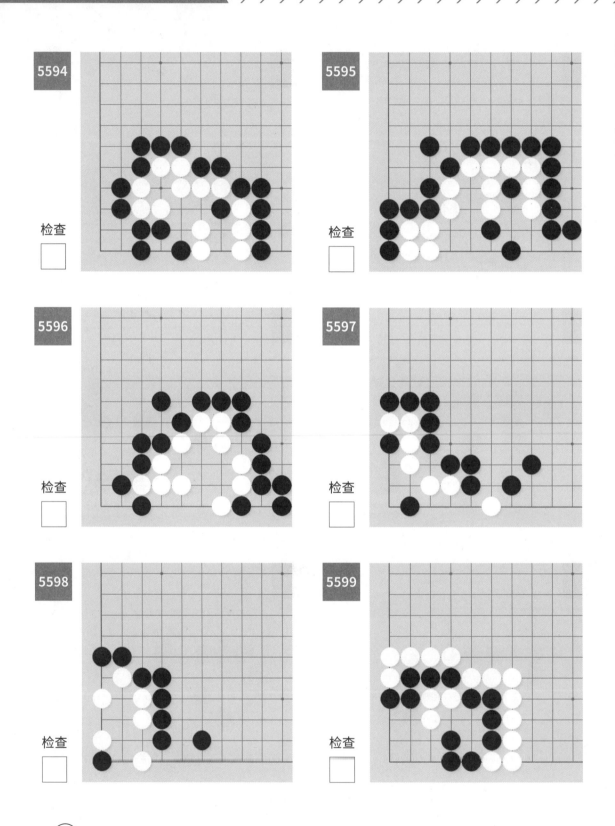

5600
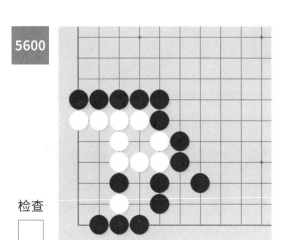
检查

5601
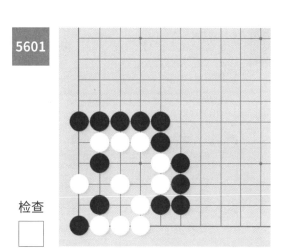
检查

5602
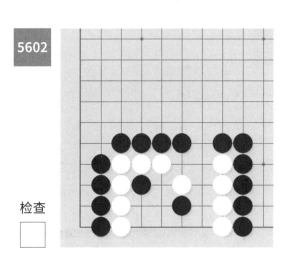
检查

5603
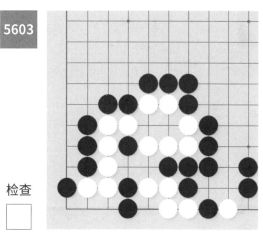
检查

5604
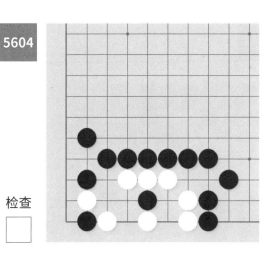
检查

5605
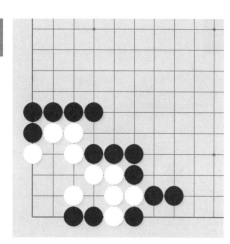
检查

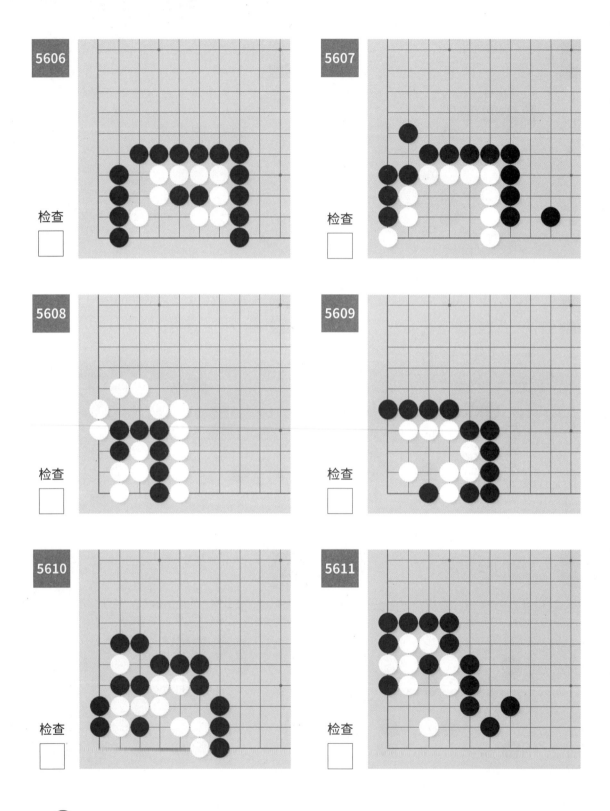

5612
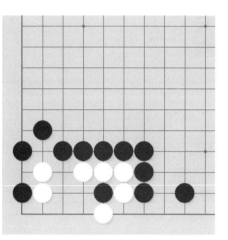
检查 □

5613
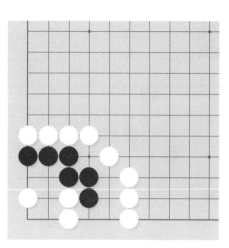
检查 □

5614
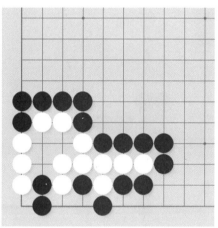
检查 □

5615
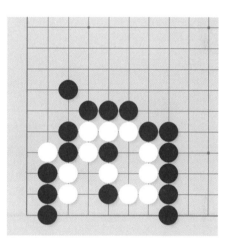
检查 □

5616
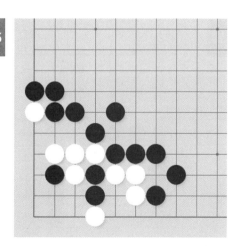
检查 □

5617
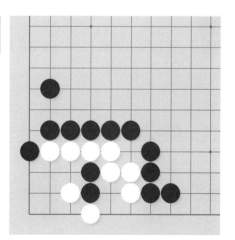
检查 □

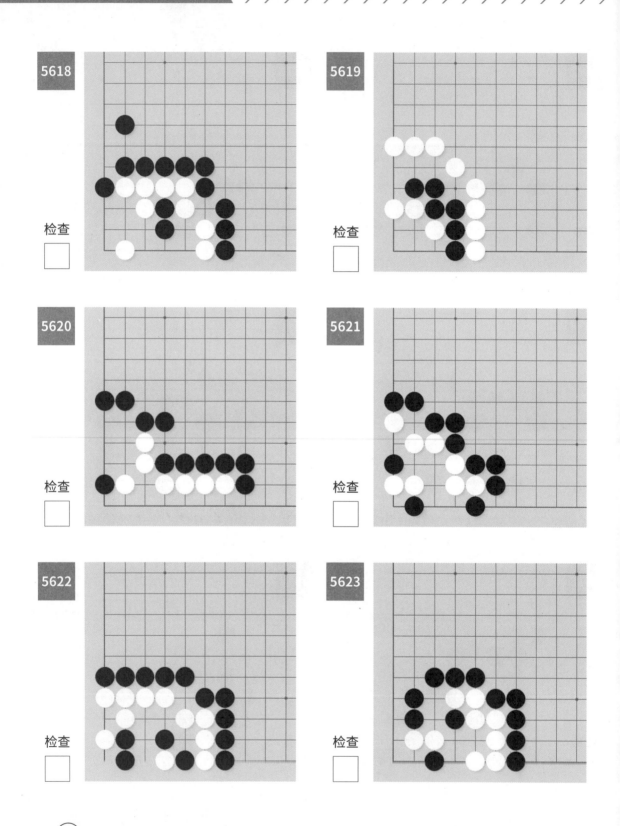

5618

检查 □

5619

检查 □

5620

检查 □

5621

检查 □

5622

检查 □

5623

检查 □

5624

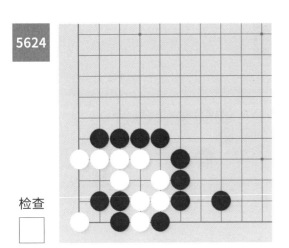

检查

5625

检查

5626

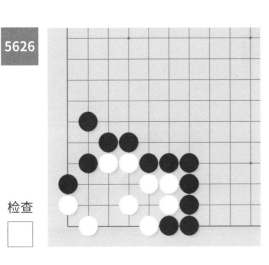

检查

5627

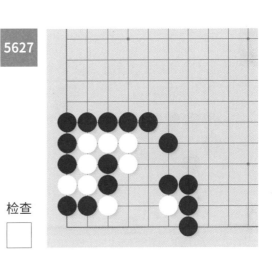

检查

5628

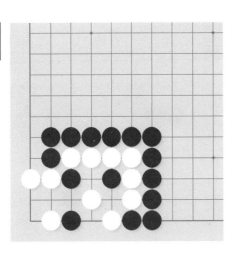

检查

5629

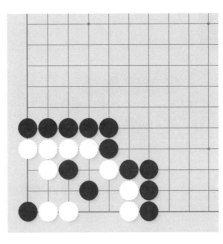

检查

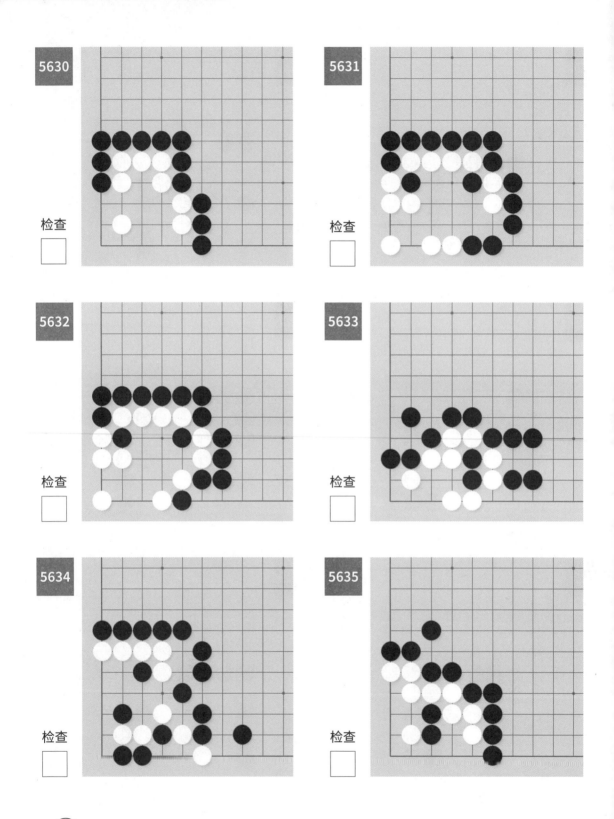

5630 检查 ☐

5631 检查 ☐

5632 检查 ☐

5633 检查 ☐

5634 检查 ☐

5635 检查 ☐

5636
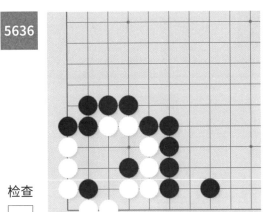
检查

5637
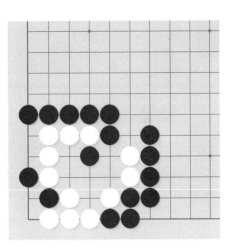
检查

5638
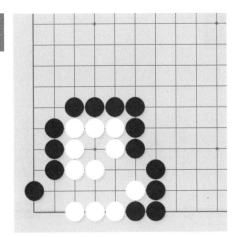
检查

5639
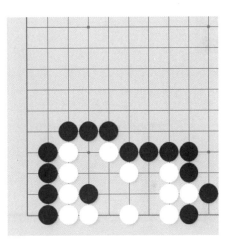
检查

5640
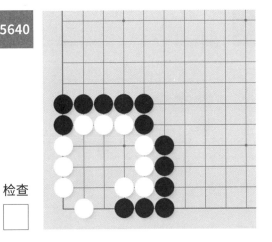
检查

5641
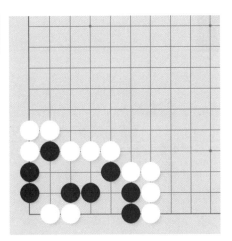
检查

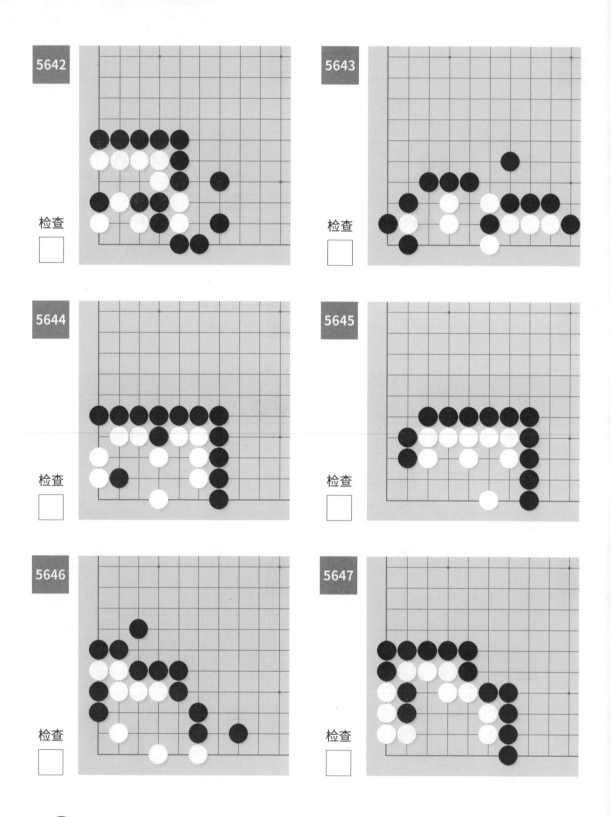

5648
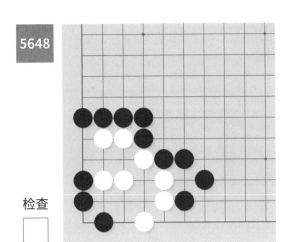
检查

5649
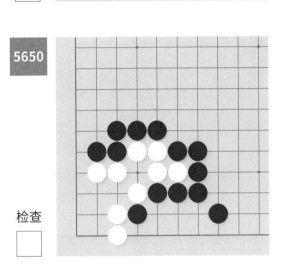
检查

5650
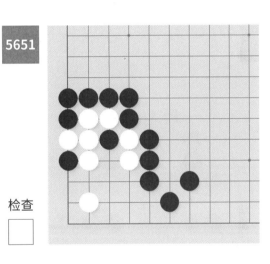
检查

5651

检查

5652
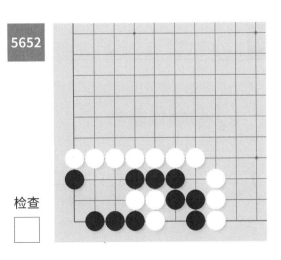
检查

5653
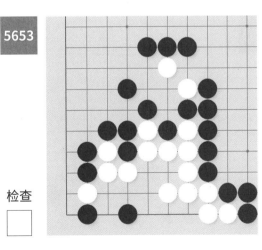
检查

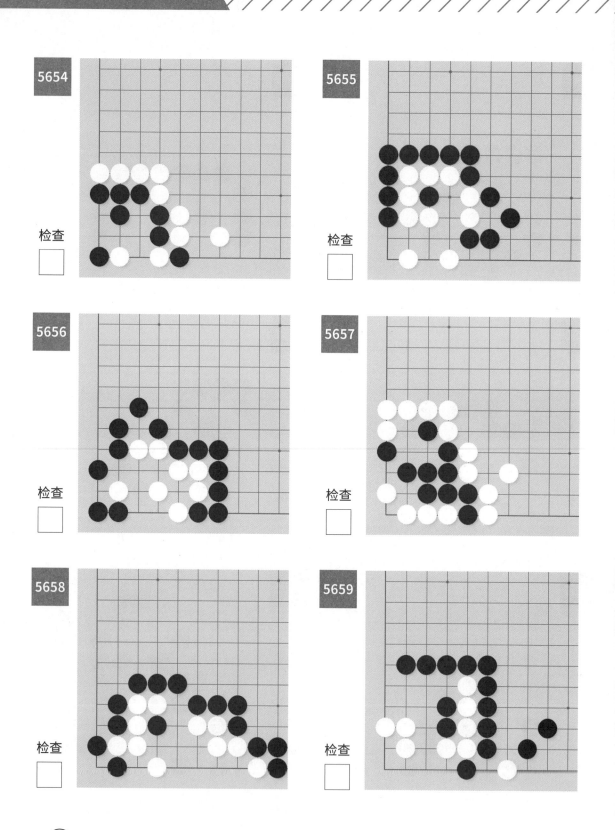

第 5 章
敌之要点即我之要点

5654 检查

5655 检查

5656 检查

5657 检查

5658 检查

5659 检查

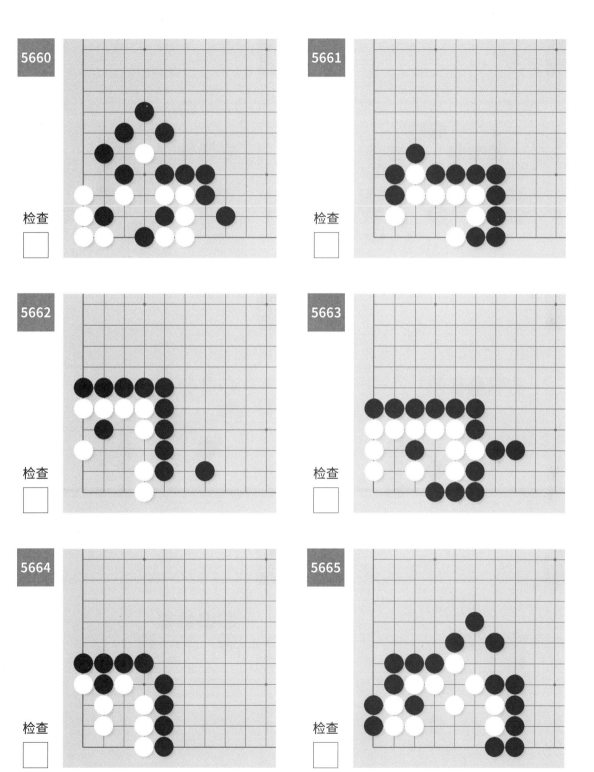

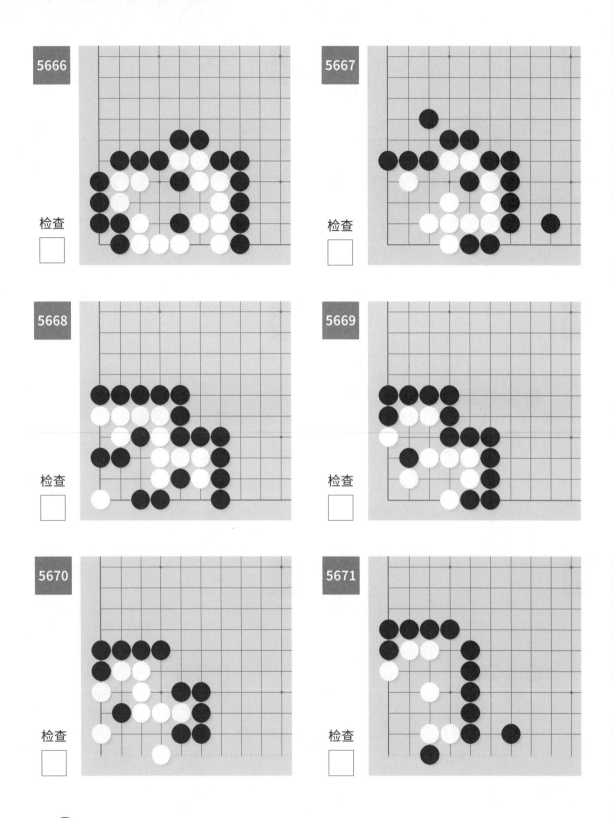

5666

检查

5667

检查

5668

检查

5669

检查

5670

检查

5671

检查

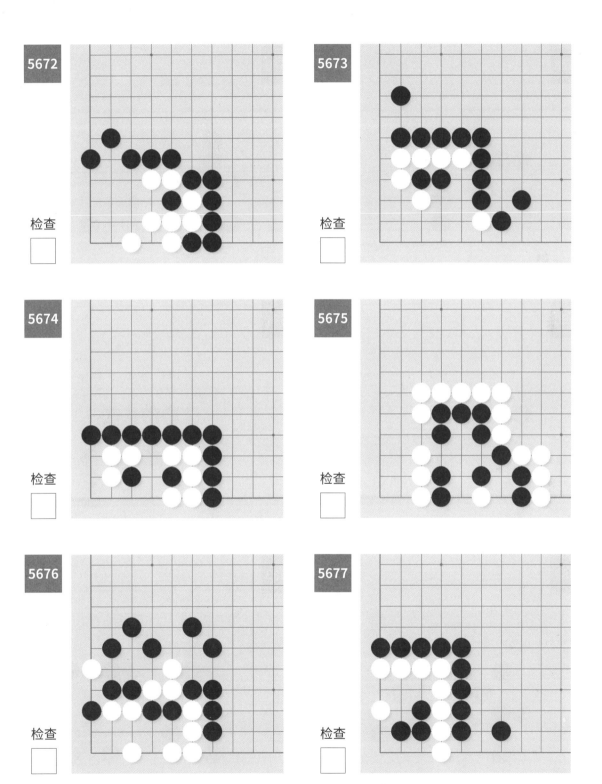

5672

检查

5673

检查

5674

检查

5675

检查

5676

检查

5677

检查

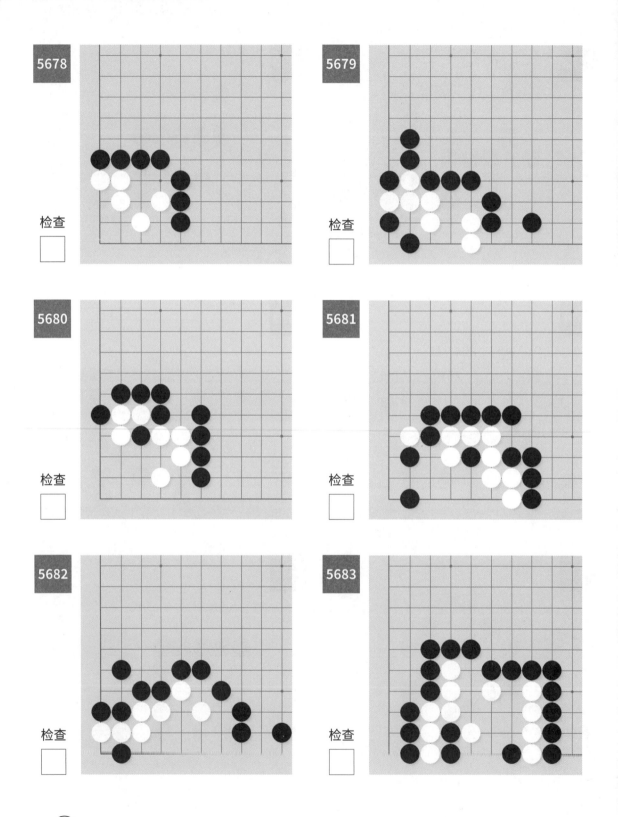

5678

检查

5679

检查

5680

检查

5681

检查

5682

检查

5683

检查

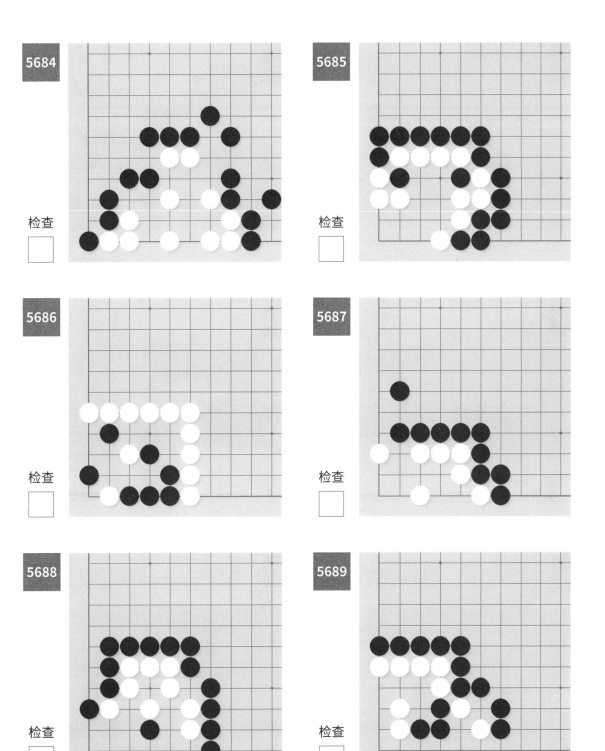

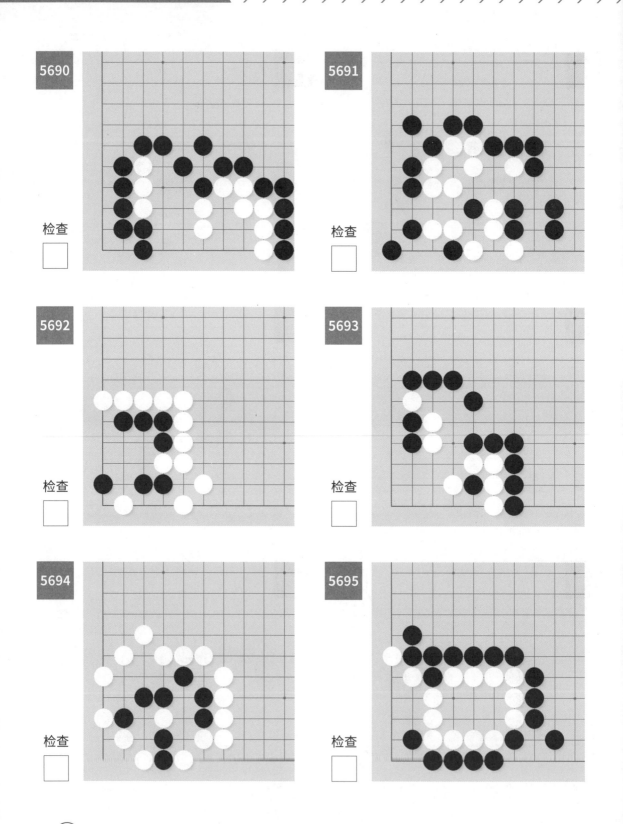

5690　检查 □

5691　检查 □

5692　检查 □

5693　检查 □

5694　检查 □

5695　检查 □

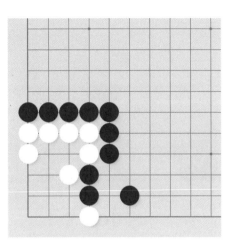

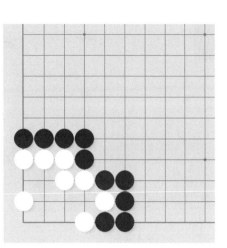

检查

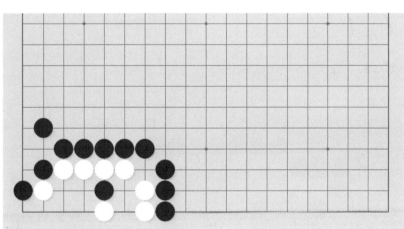

检查

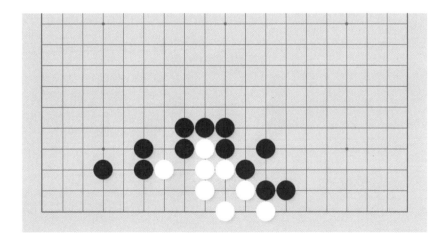

检查

5696 5697 5698 5699

5700

检查

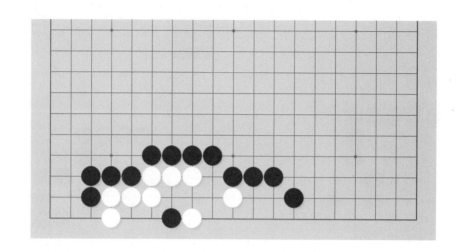

5701

检查

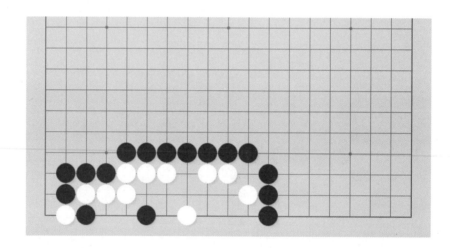

5702

检查

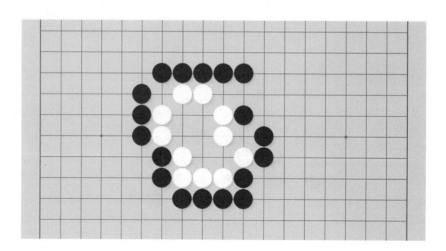

5703

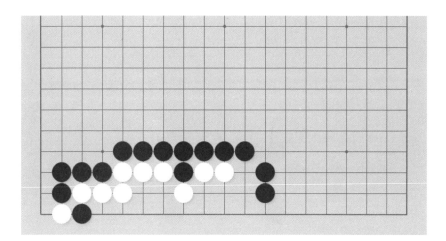

检查

5704

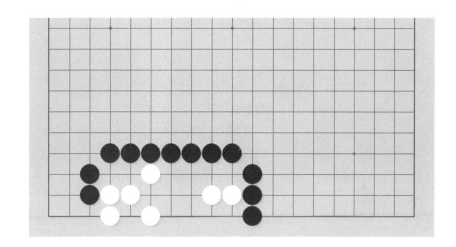

检查

5705

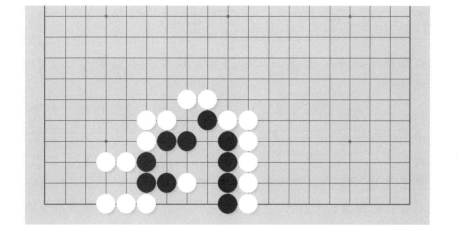

检查

5706

检查

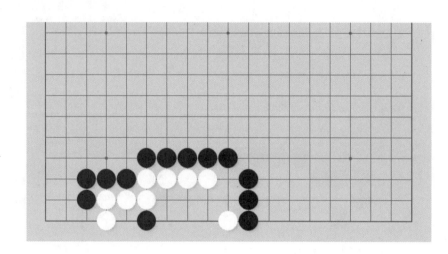

5707

检查

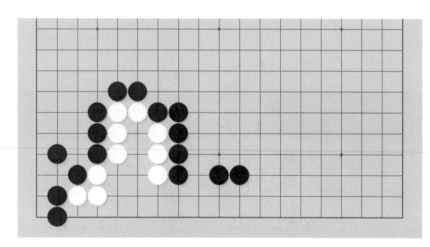

天王山

在围棋术语中，天王山比喻为黑白双方交界处势力消长的那一步超级大棋。

天王山的典故源自日本，1582 年织田信长遭部下明智光秀叛变，逝世于本能寺，史称"本能寺之变"。羽柴秀吉（丰臣秀吉）以讨伐反叛为名与明智光秀在京都路上的山城国与摄津国之间的天王山遭遇，最后羽柴秀吉胜出，成为后织田时代的霸主。

同样，延伸出的一个词"天王山之战"，比喻番棋中相当重要的一局。

——胡啸城

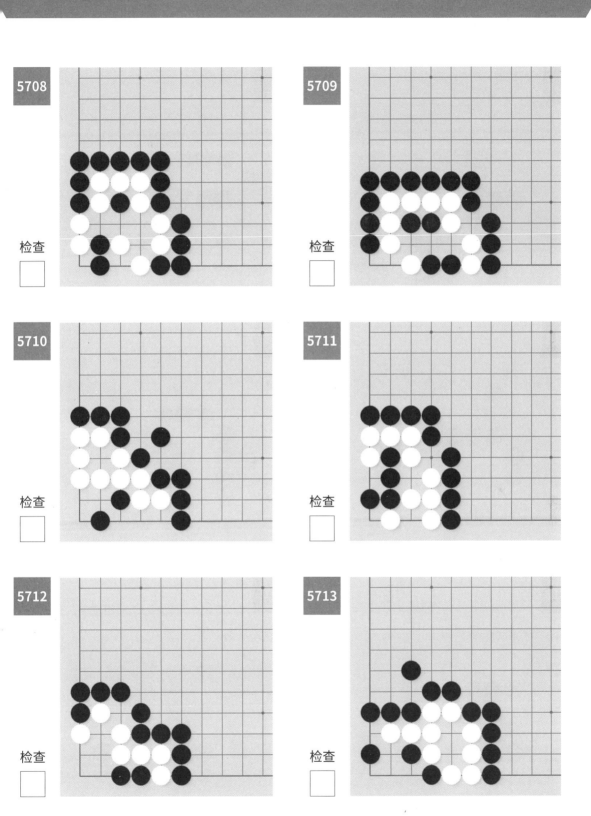

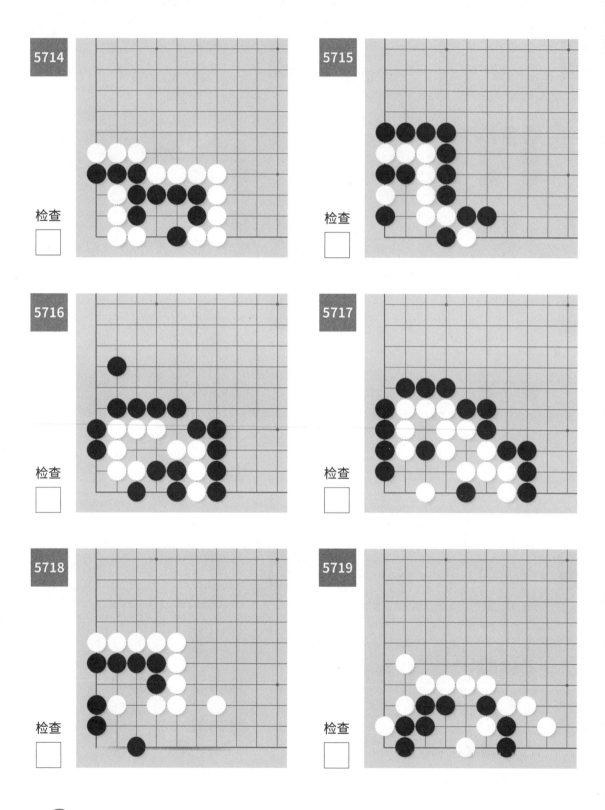

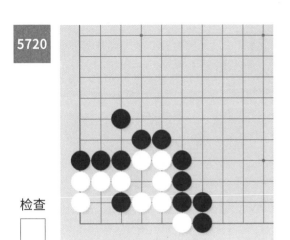

5720

检查 □

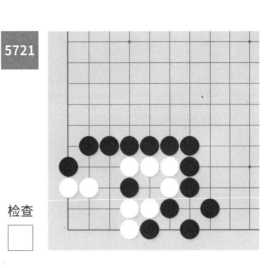

5721

检查 □

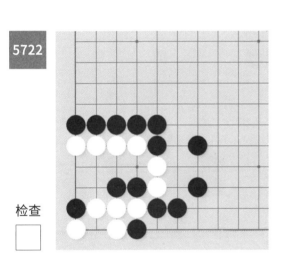

5722

检查 □

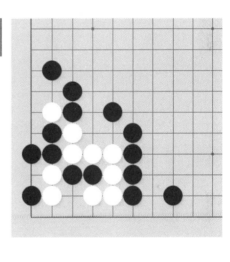

5723

检查 □

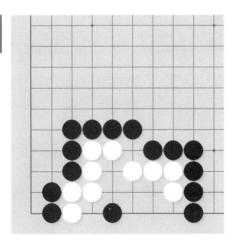

5724

检查 □

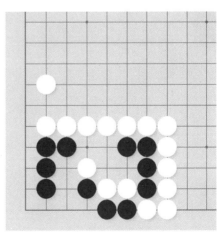

5725

检查 □

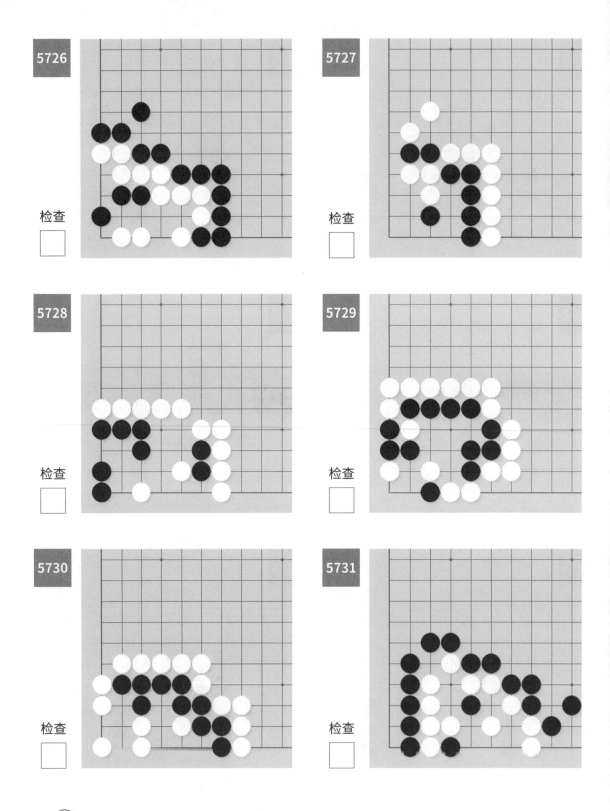

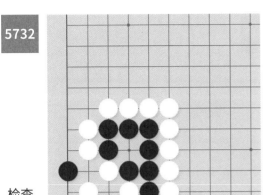

检查

5733

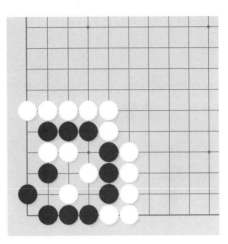

检查

5734

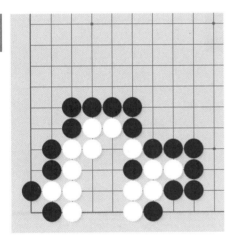

检查

5735

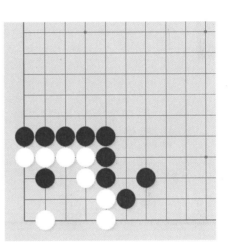

检查

5736

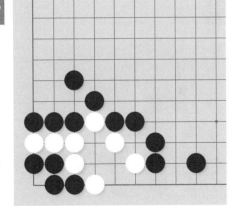

检查

5737

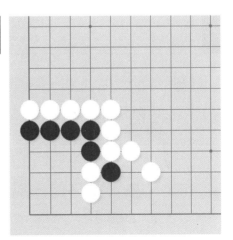

检查

143

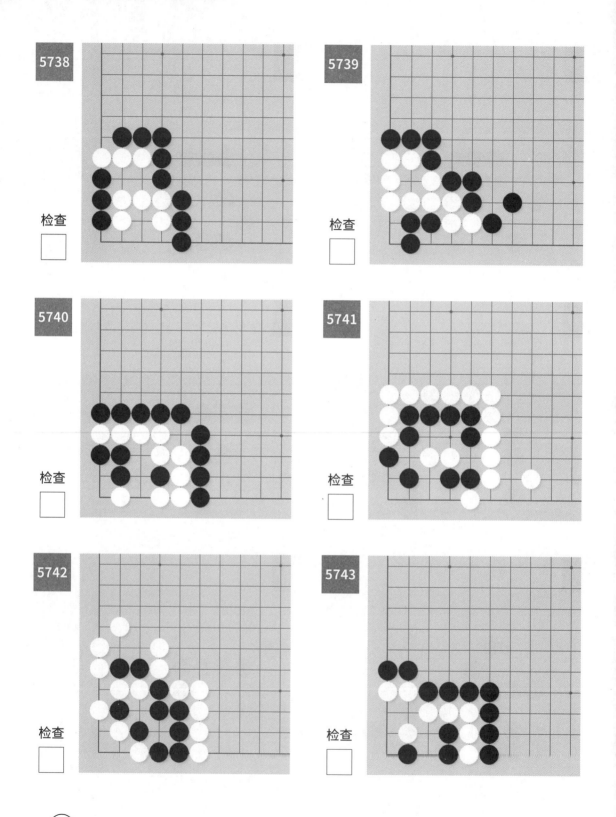

5738

检查

5739

检查

5740

检查

5741

检查

5742

检查

5743

检查

5744

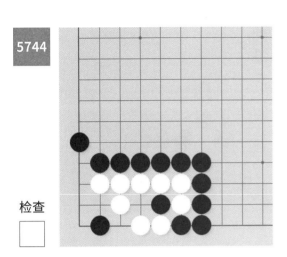

检查

5745

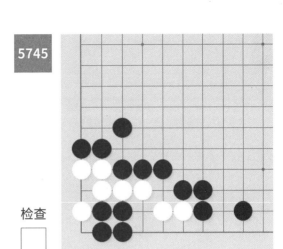

检查

5746

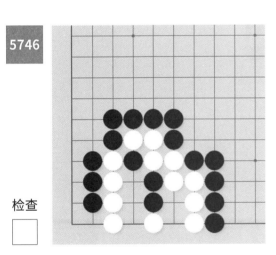

检查

5747

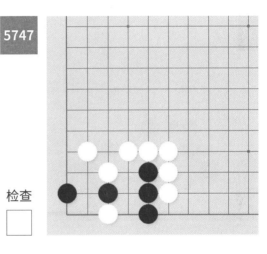

检查

5748

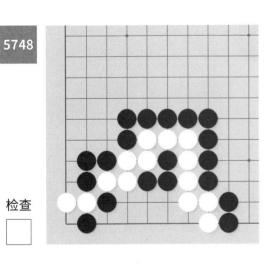

检查

5749

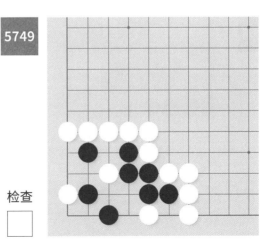

检查

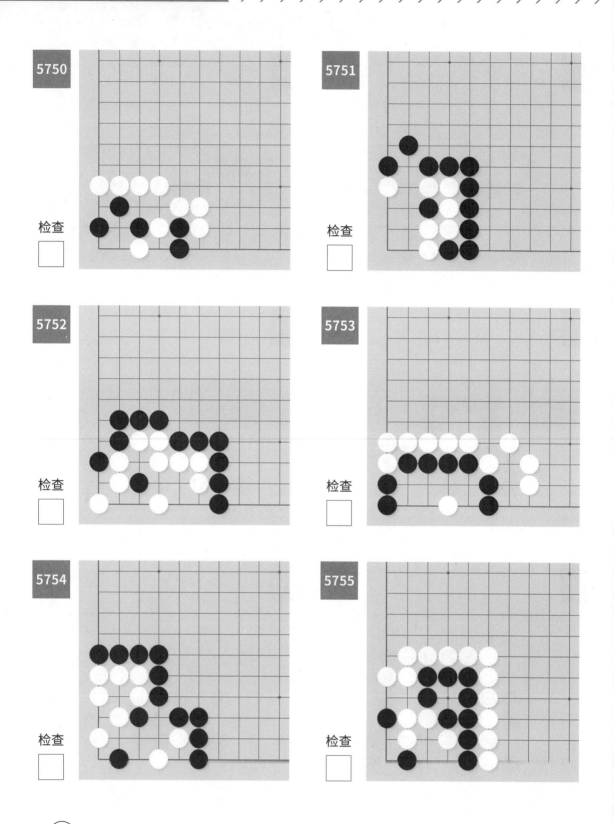

5756

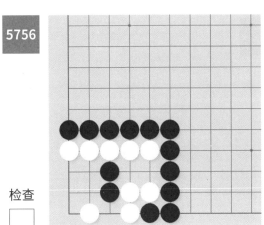

检查

5757

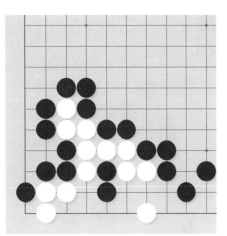

检查

5758

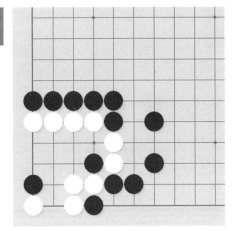

检查

5759

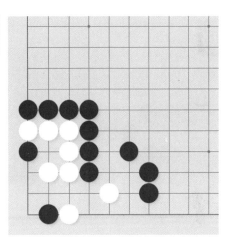

检查

5760

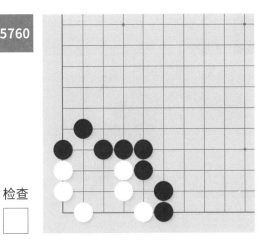

检查

5761

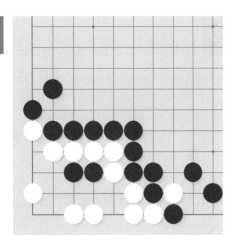

检查

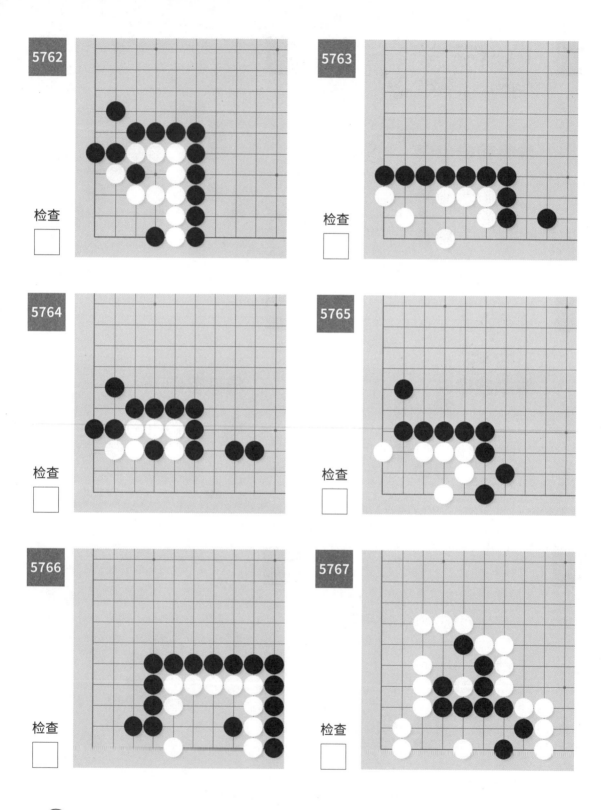

5768

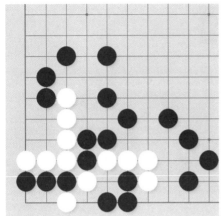

检查

5769

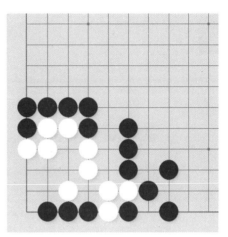

检查

5770

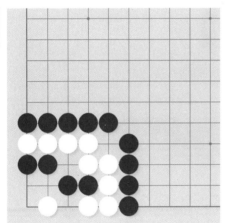

检查

5771

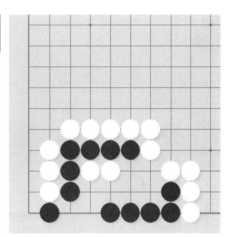

检查

5772

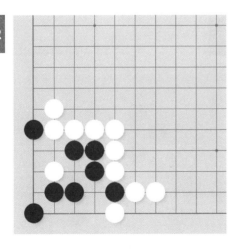

检查

5773

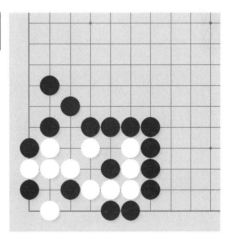

检查

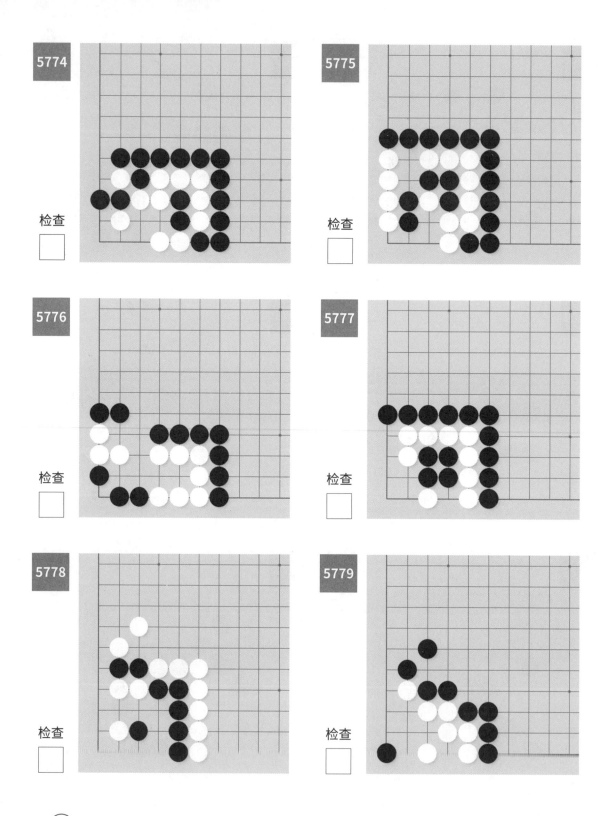

5780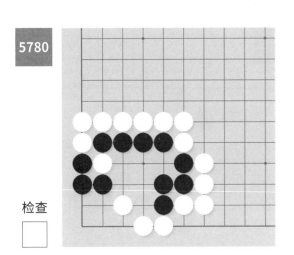

检查 ☐

5781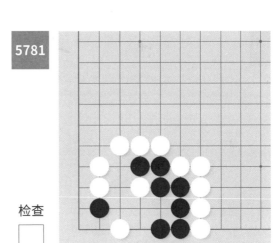

检查 ☐

5782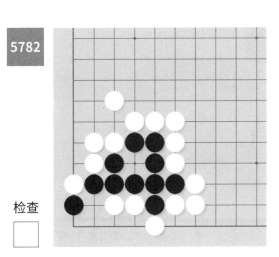

检查 ☐

5783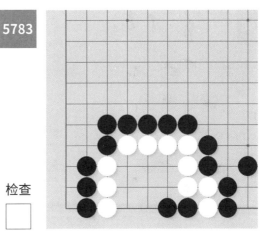

检查 ☐

5784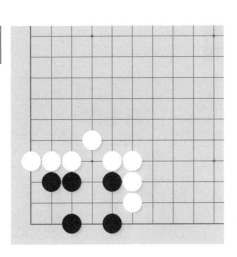

检查 ☐

5785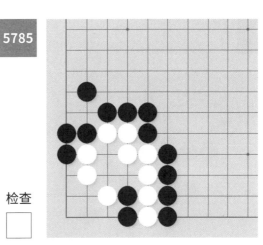

检查 ☐

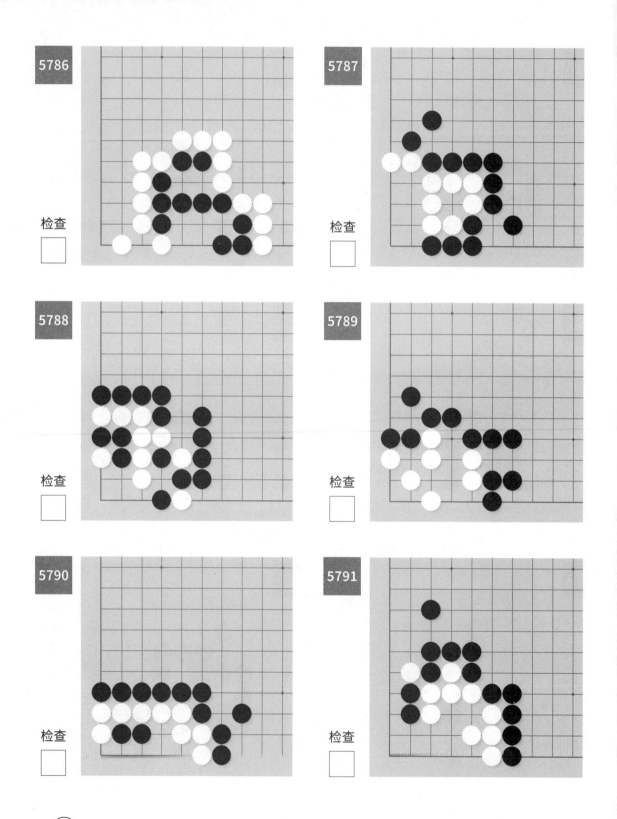

5792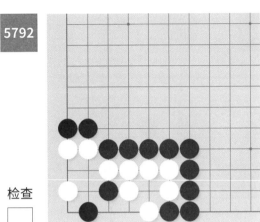

检查

5793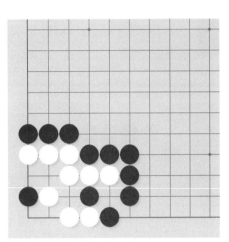

检查

5794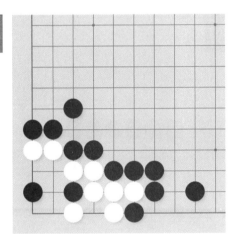

检查

5795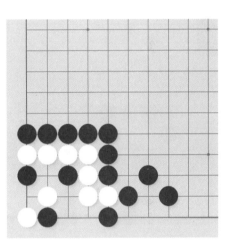

检查

5796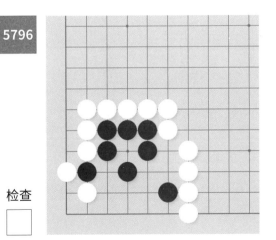

检查

5797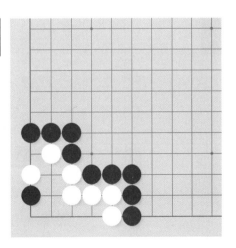

检查

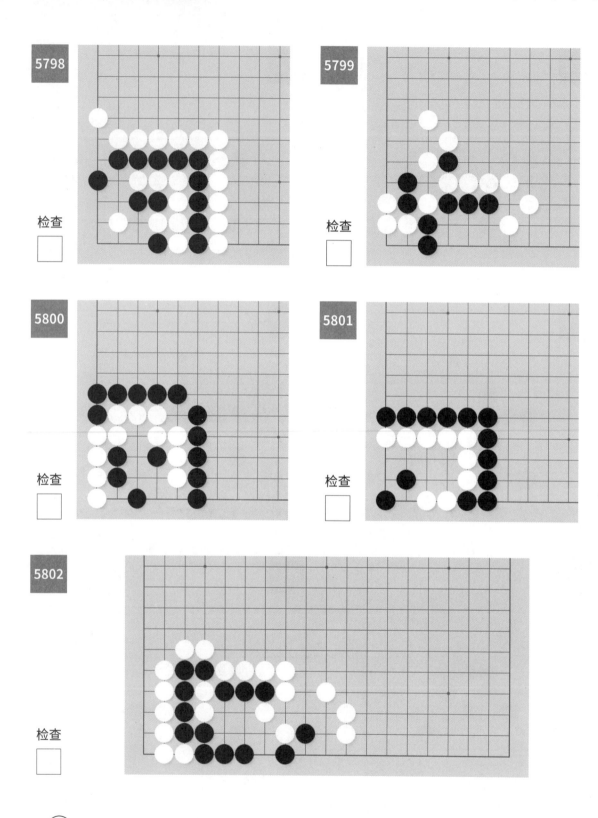

5798

检查

5799

检查

5800

检查

5801

检查

5802

检查

5803

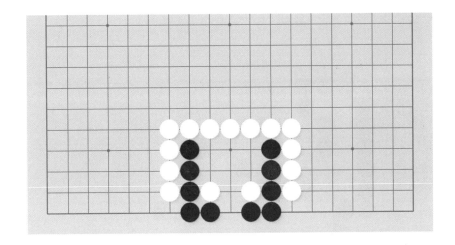

检查

5804

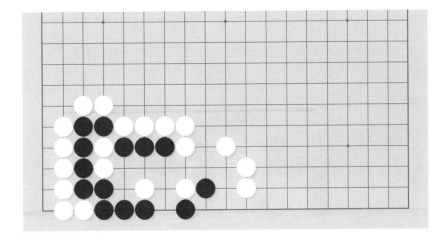

检查

5805

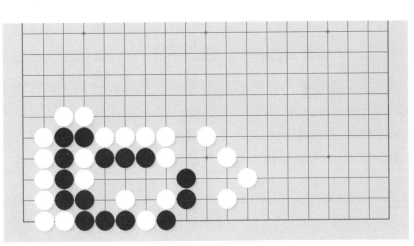

检查

5806

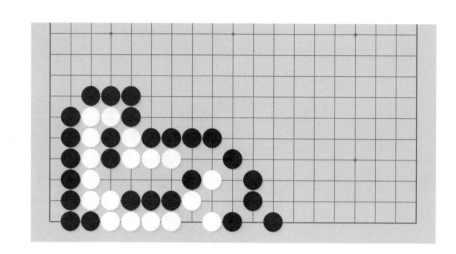

检查

5807

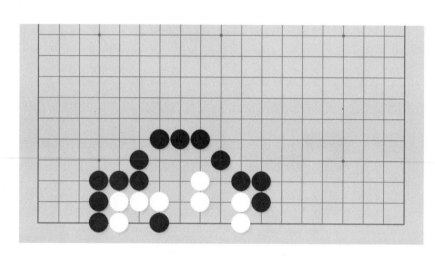

检查

胜负手

胜负手，在围棋术语中，指形势不容乐观的一方下出非此不足以扭转局面的关键之着，一般下出此手的一方具有强烈争胜负的意识。

放出胜负手是在成为高手前必须具备的观念，因为棋力再强的人，也有局面不利的时候，如何找出扭转棋局的一着，给对手极大的压力以使之犯错，这是相当重要的。

——卫泓泰

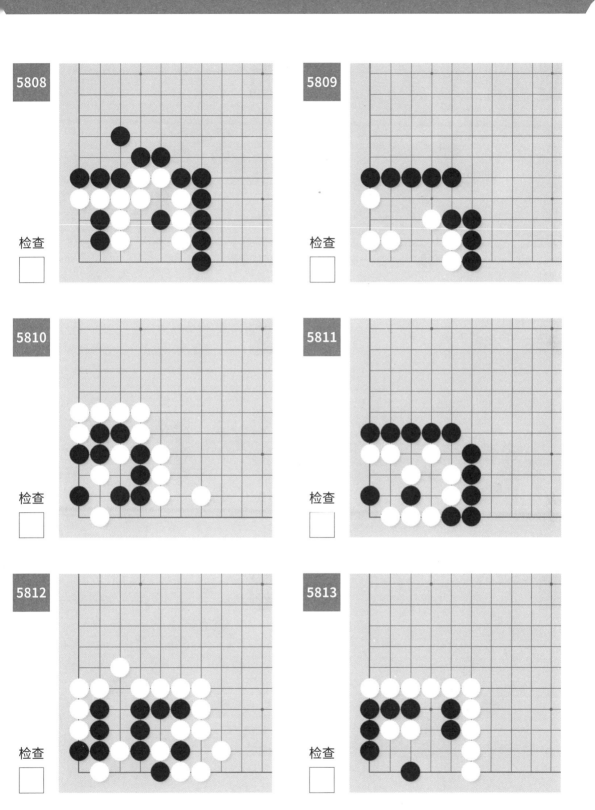

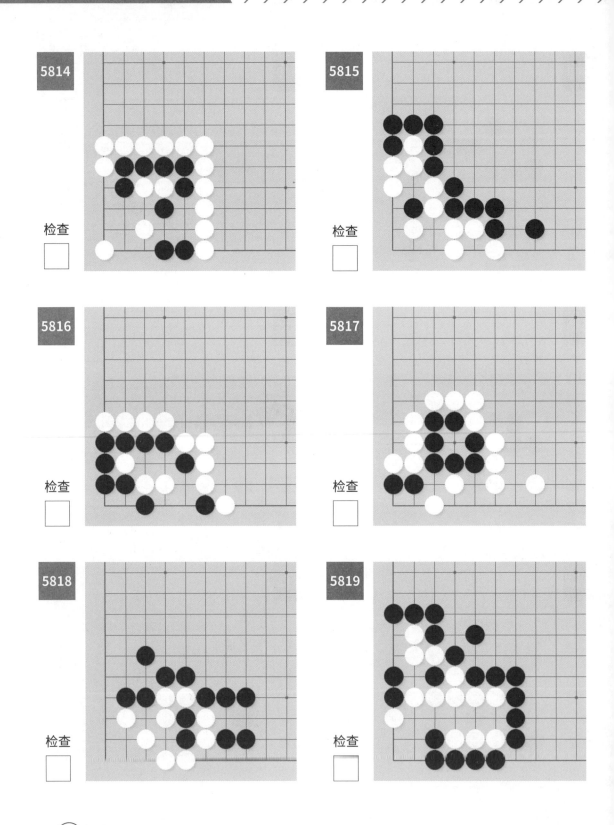

5820

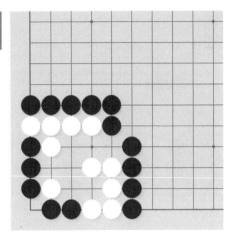

检查

5821

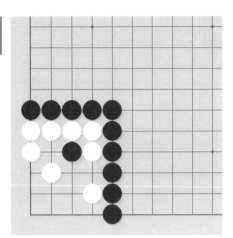

检查

5822

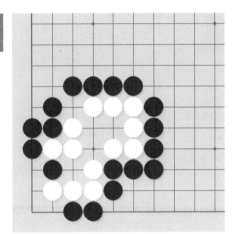

检查

5823

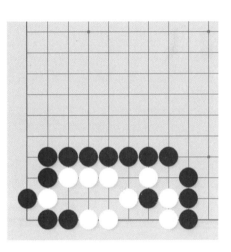

检查

5824

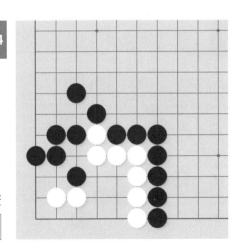

检查

5825

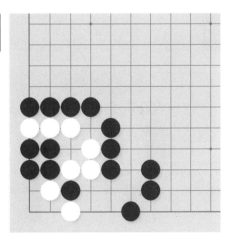

检查

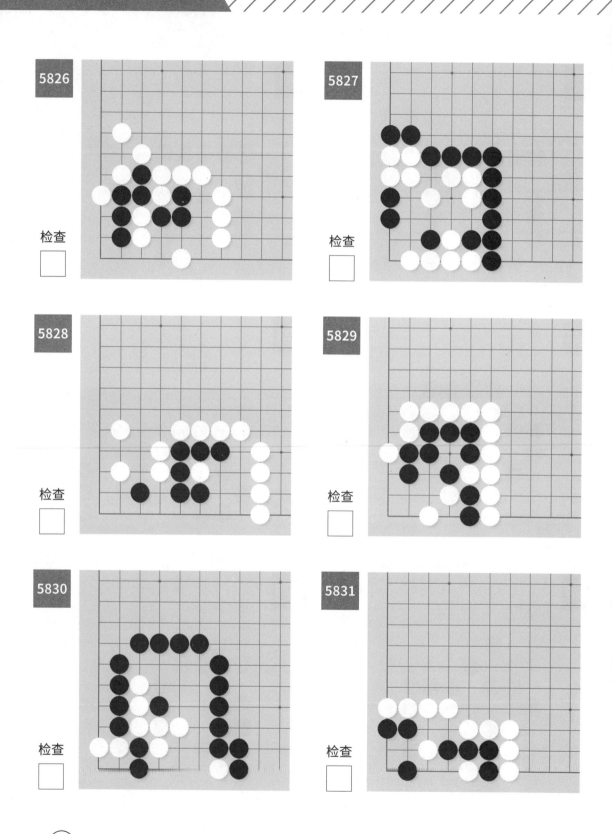

5832

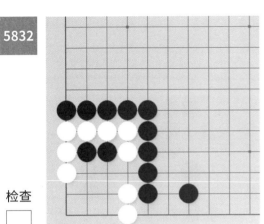

检查

5833

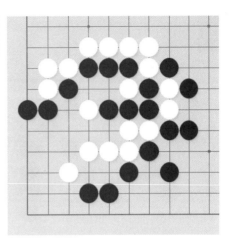

检查

5834

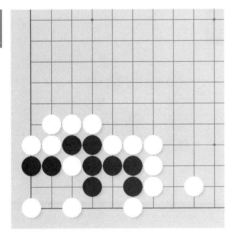

检查

5835

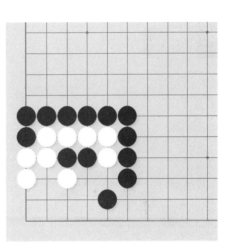

检查

5836

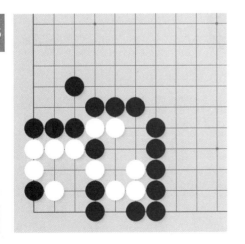

检查

5837

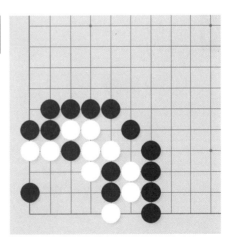

检查

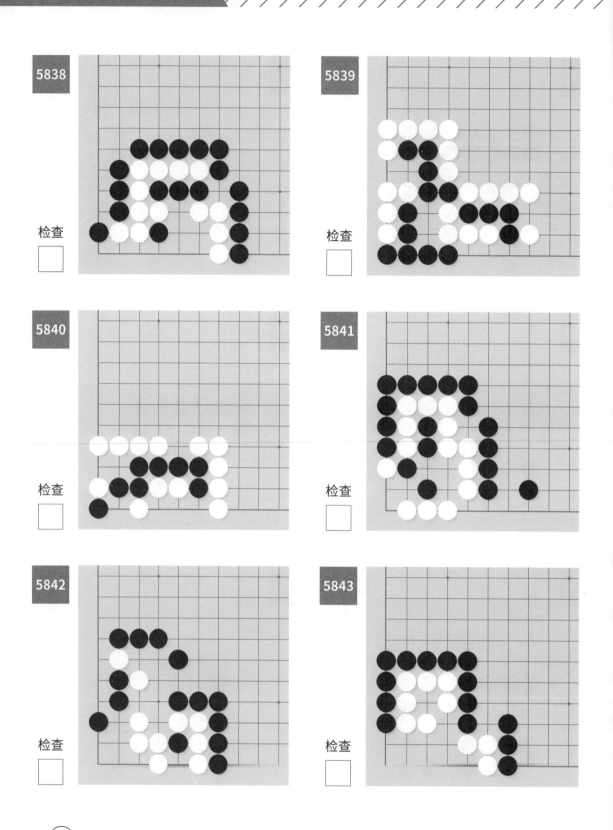

5844

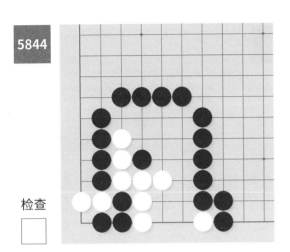

检查

5845

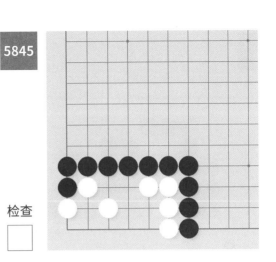

检查

5846

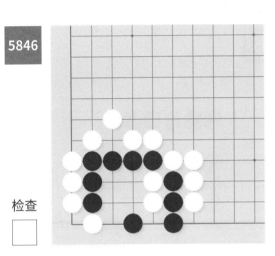

检查

5847

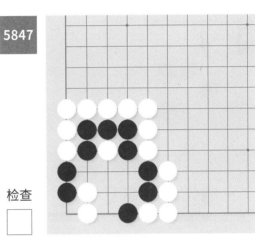

检查

5848

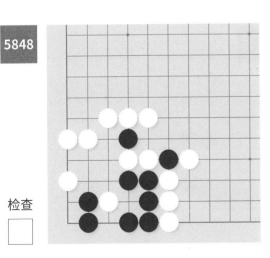

检查

5849

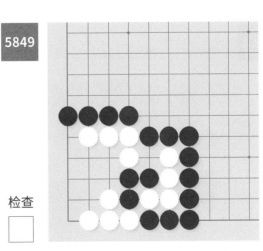

检查

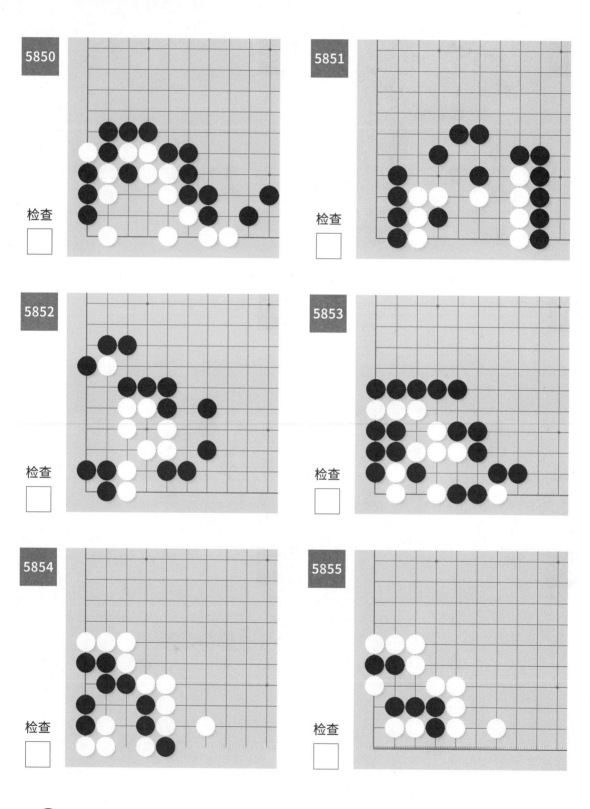

5856

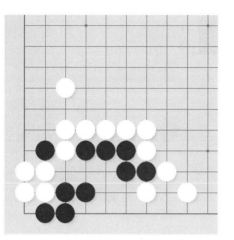

检查

5857

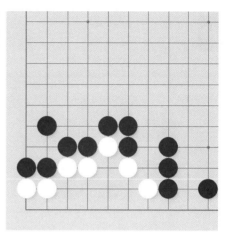

检查

5858

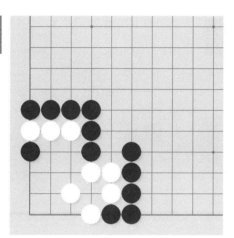

检查

5859

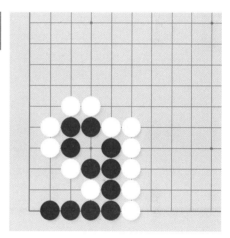

检查

5860

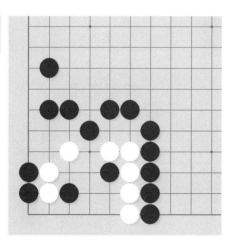

检查

5861

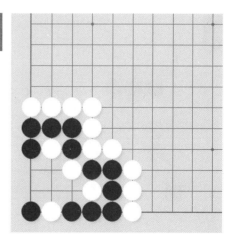

检查

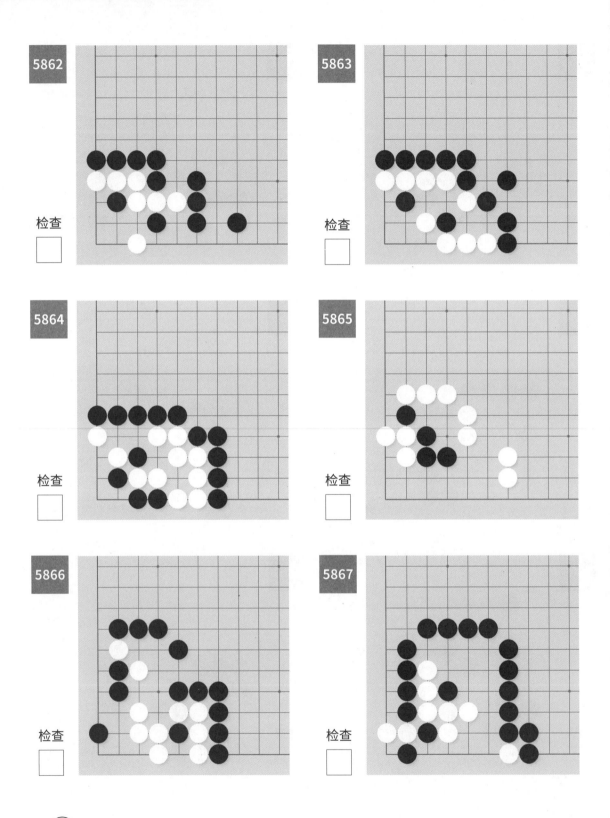

5868

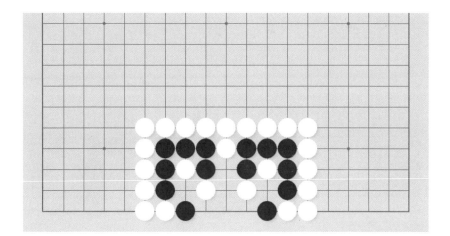

检查

5869

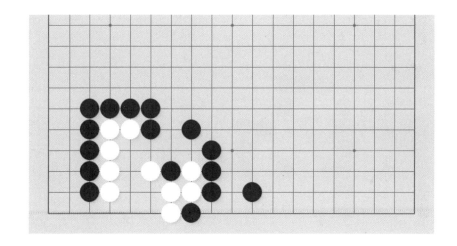

检查

5870

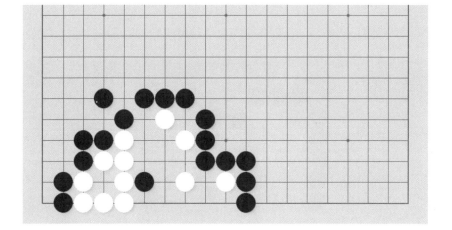

检查

5871

检查

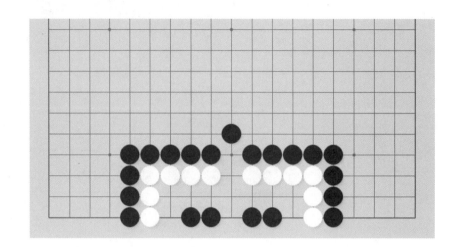

5872

检查

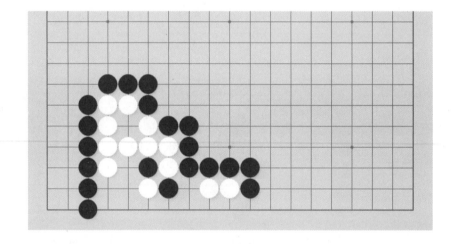

5873

检查

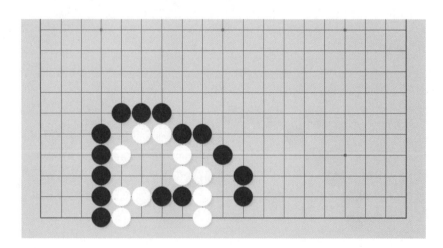

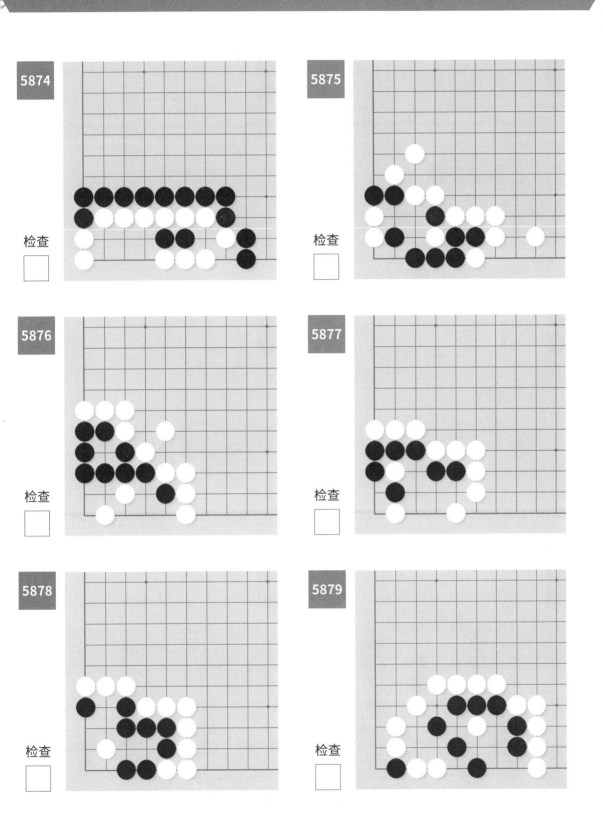

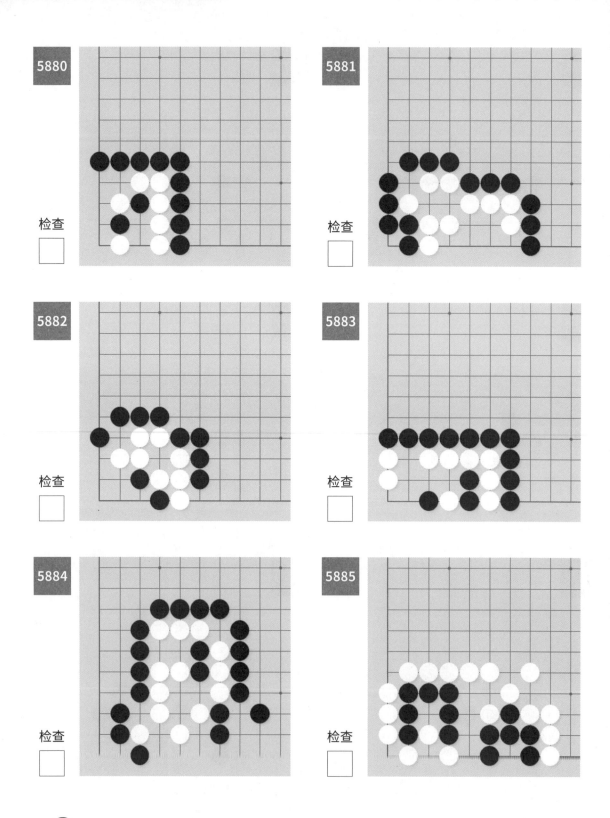

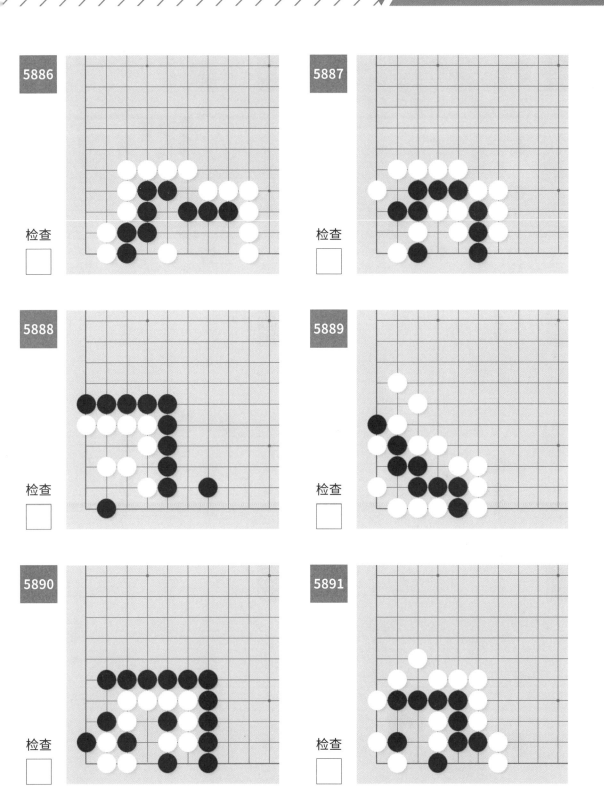

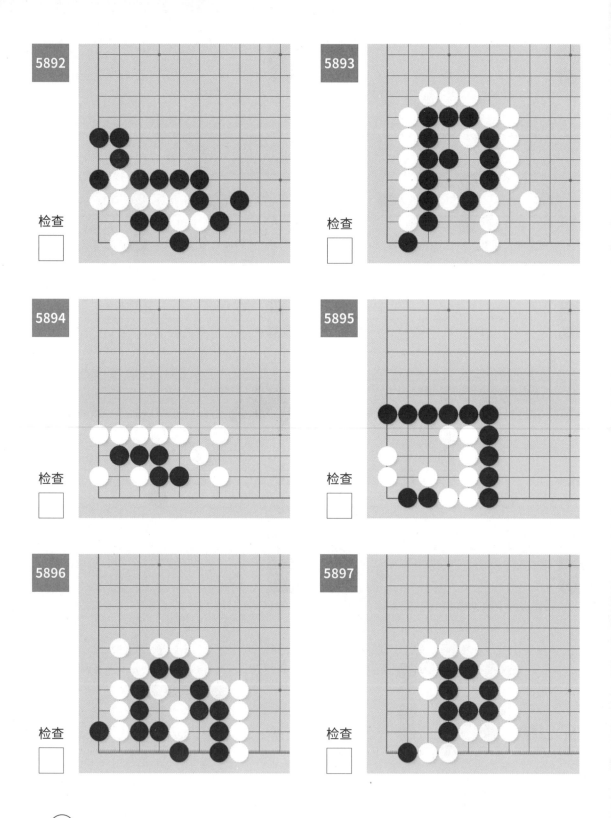

5892

检查

5893

检查

5894

检查

5895

检查

5896

检查

5897

检查

5898

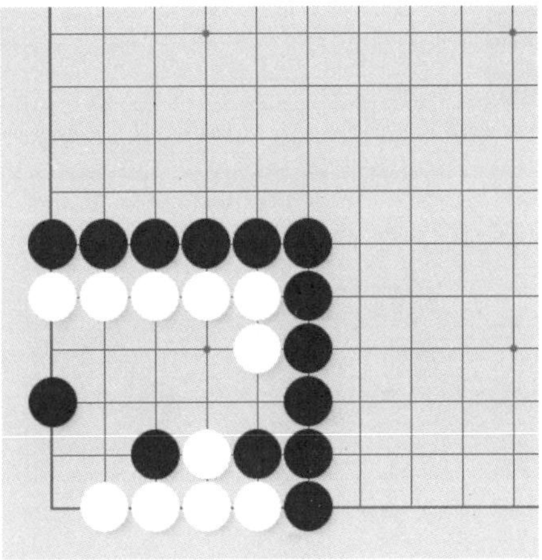

检查 ☐

5899

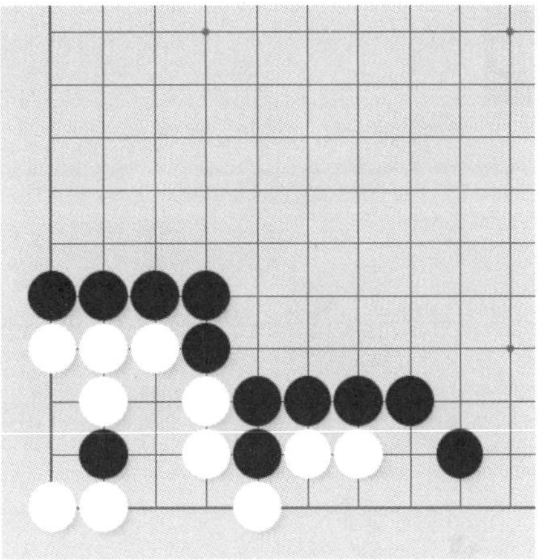

检查 ☐

5900

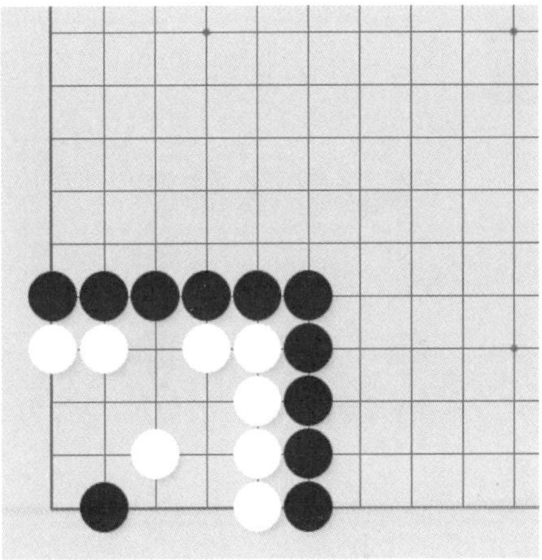

检查 ☐

5901

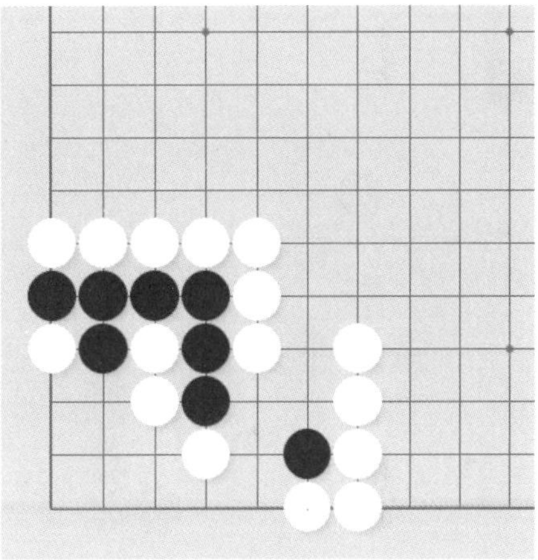

检查 ☐

5902

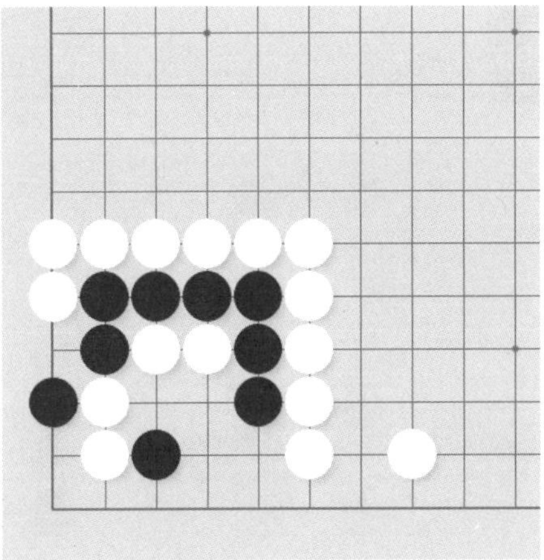

检查 ☐

5903

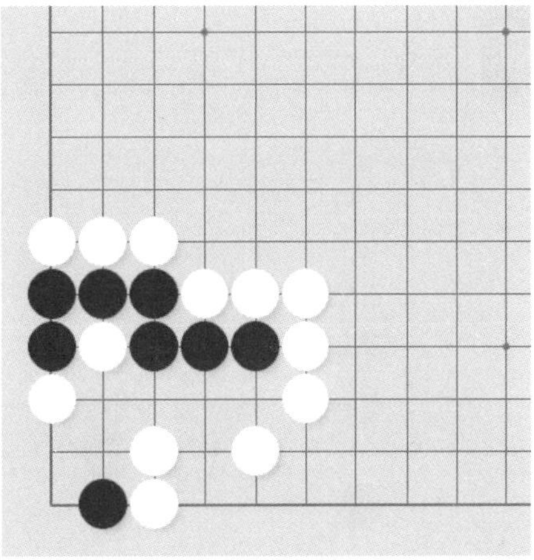

检查 ☐

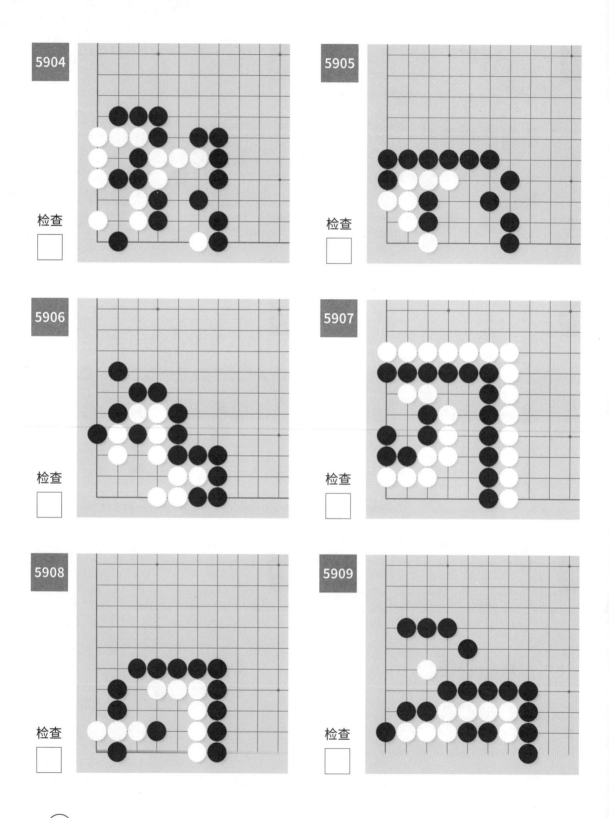

5910

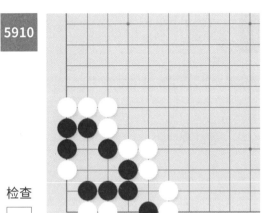

检查

5911

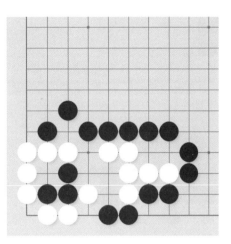

检查

5912

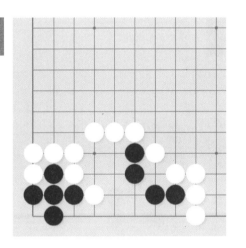

检查

5913

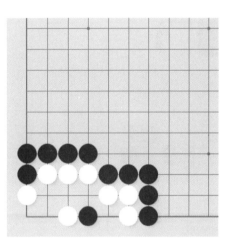

检查

5914

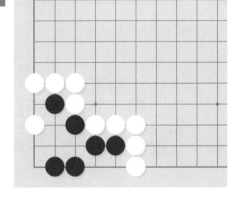

检查

5915

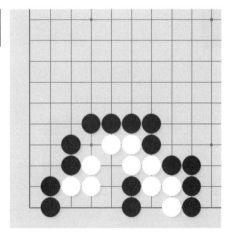

检查

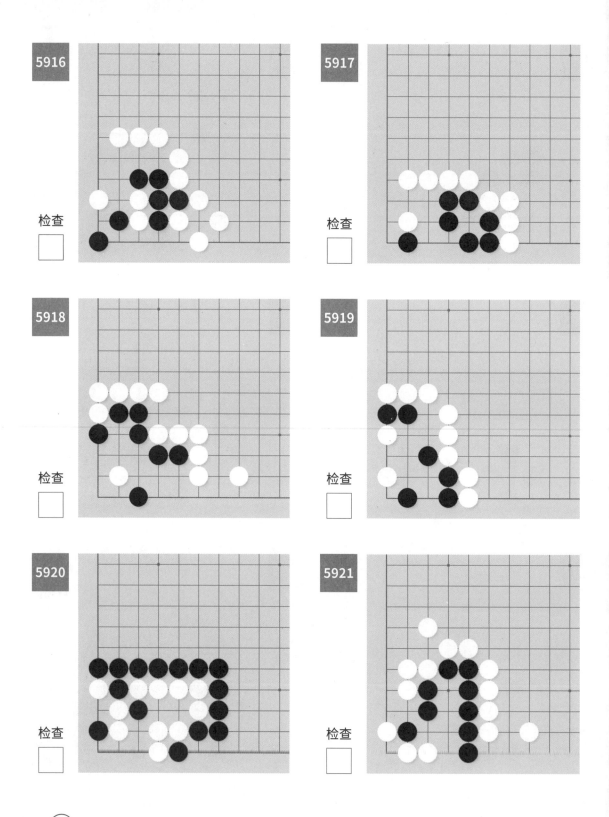

5922

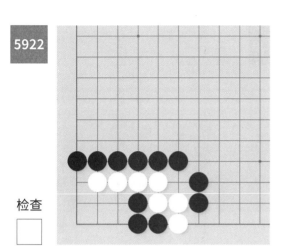

检查

5923

5924

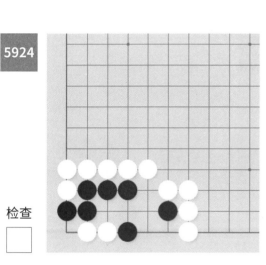

检查

5925

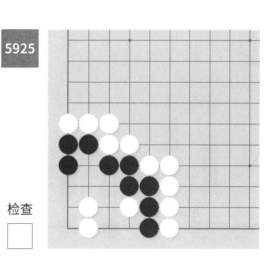

检查

5926

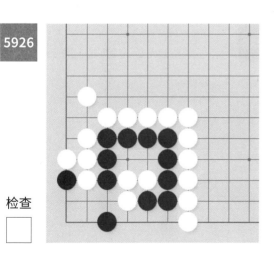

检查

5927

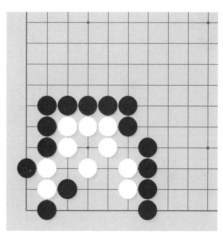

检查

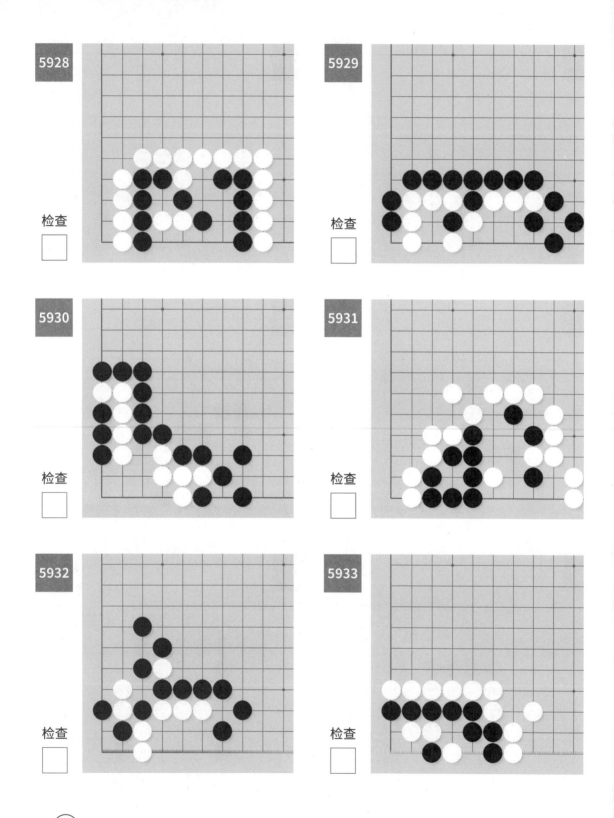

5928 检查

5929 检查

5930 检查

5931 检查

5932 检查

5933 检查

5934

检查

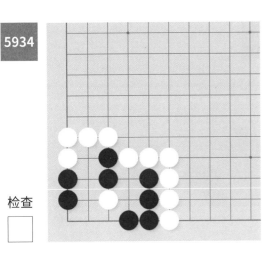

5935

检查

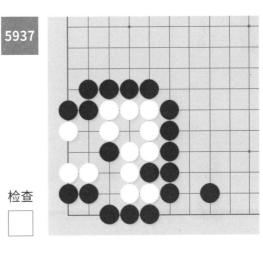

5936

检查

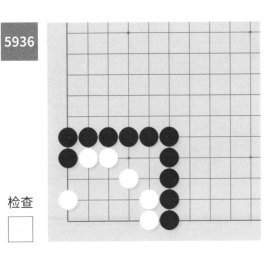

5937

检查

5938

检查

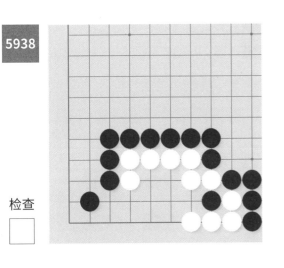

5939

检查

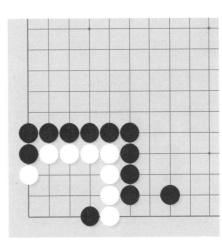

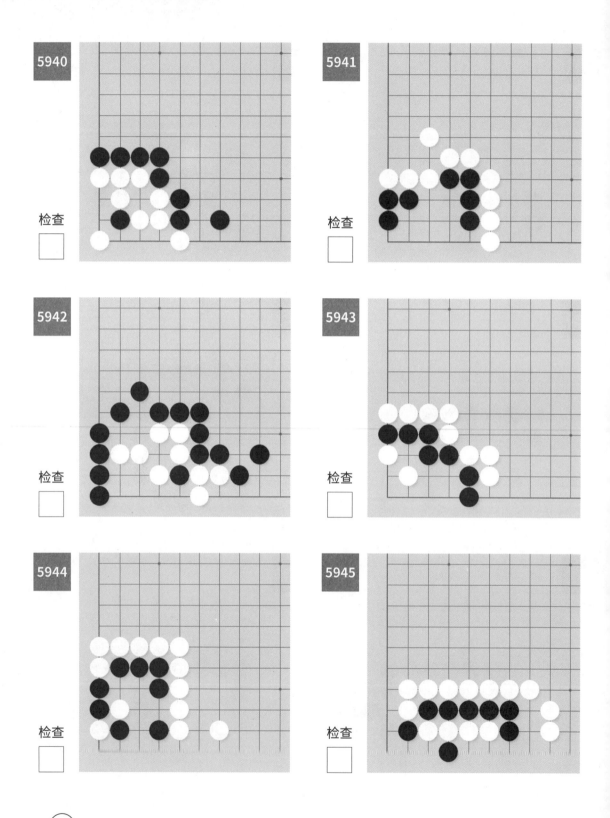

5946

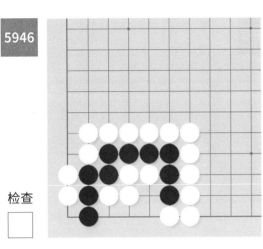

检查

5947

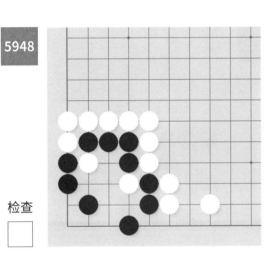

检查

5948

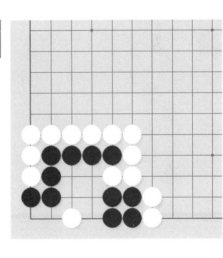

检查

5949

检查

5950

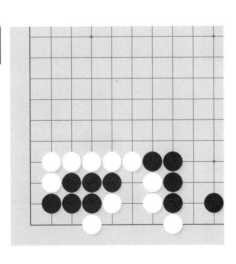

检查

5951

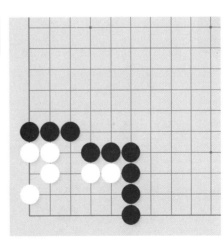

检查

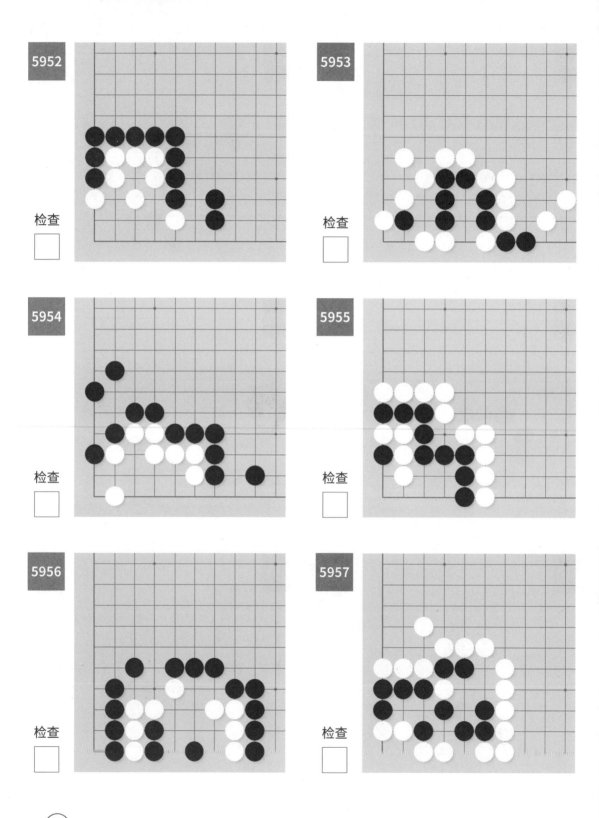

5958

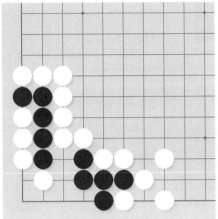

检查

5959

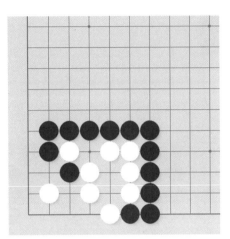

检查

5960

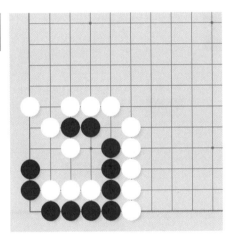

检查

5961

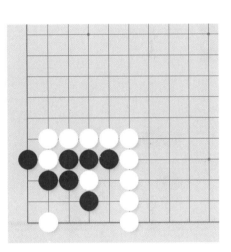

检查

5962

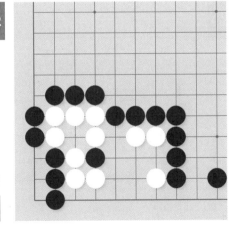

检查

5963

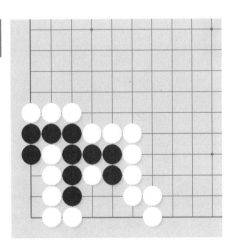

检查

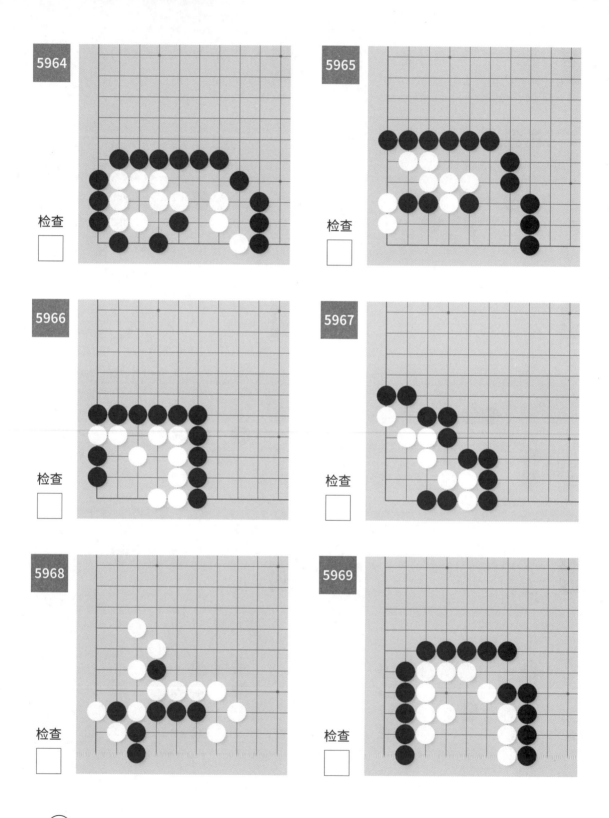

5970
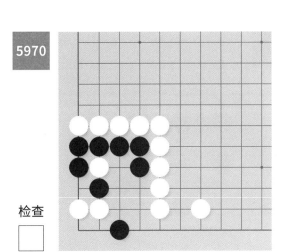
检查

5971
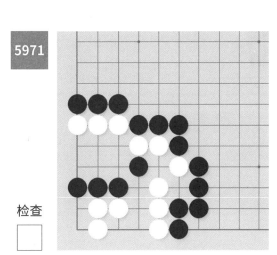
检查

5972
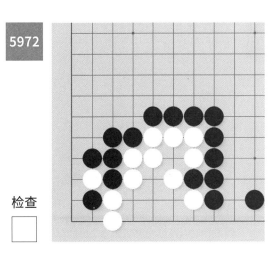
检查

5973
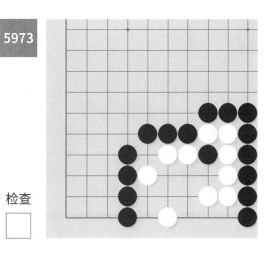
检查

5974
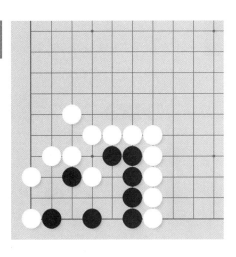
检查

5975
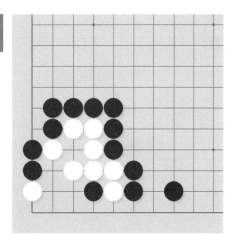
检查

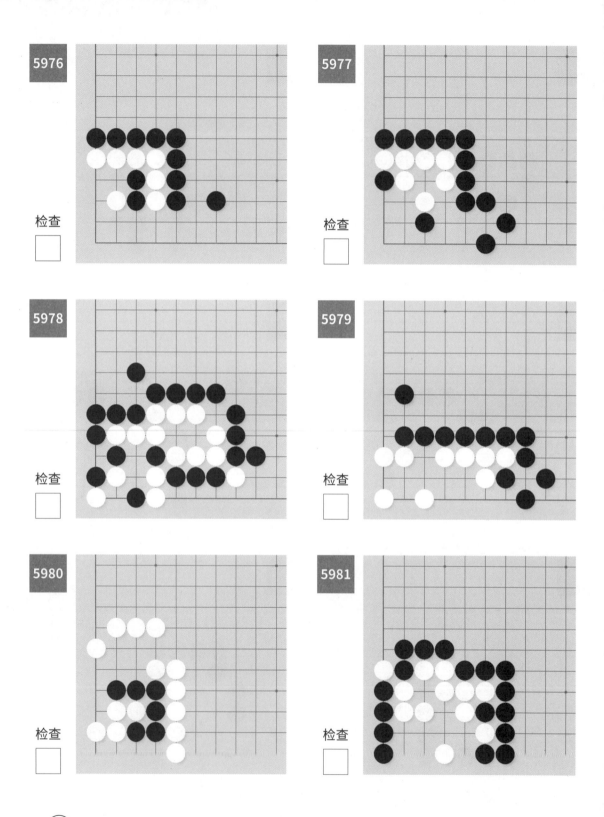

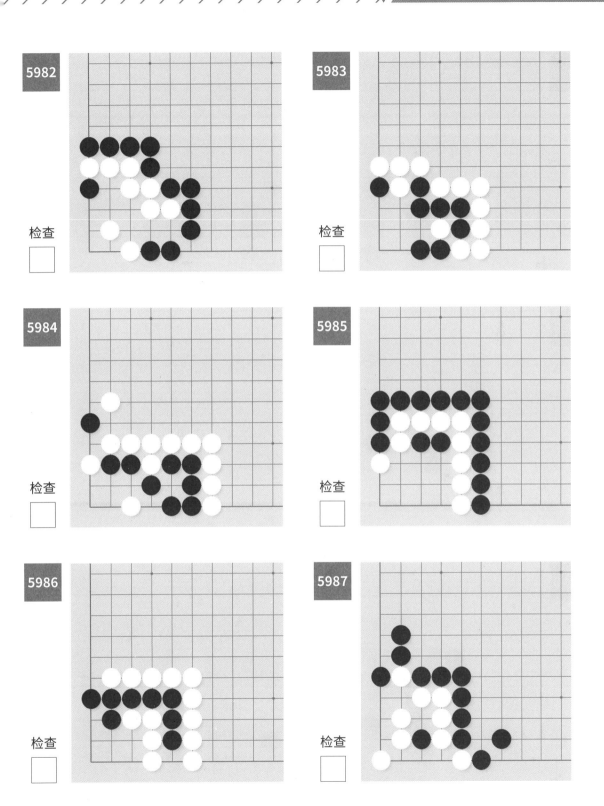

5988

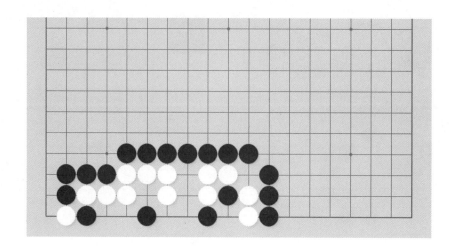

检查

□

5989

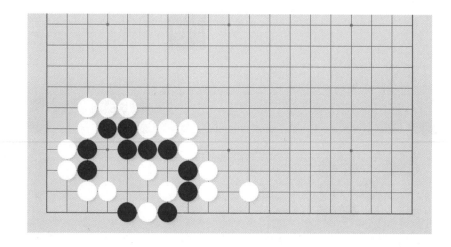

检查

□

5990

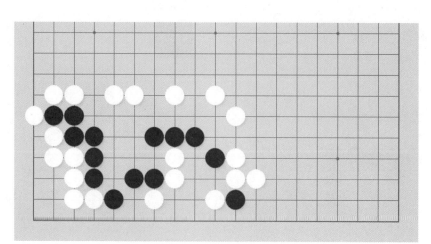

检查

□

5991

检查

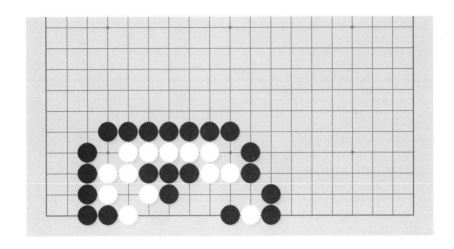

5992

检查

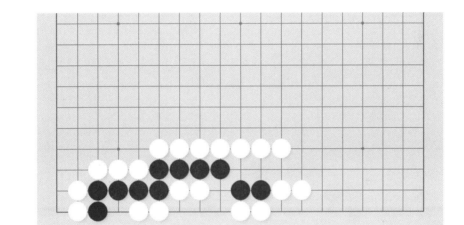

5993

检查

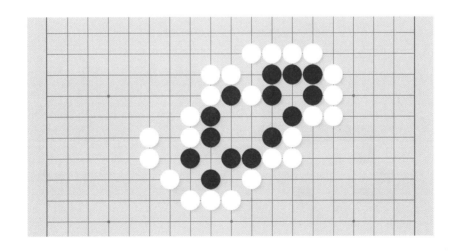

5994

检查

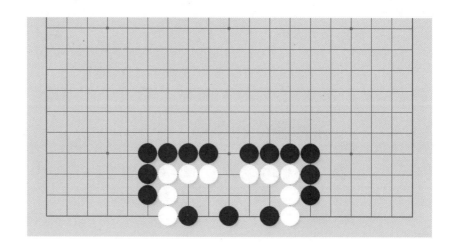

5995

检查

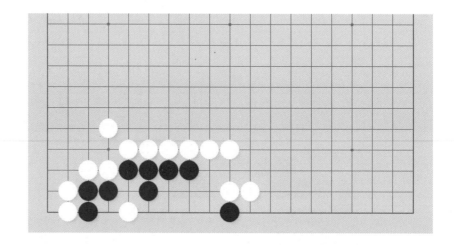

5996

检查

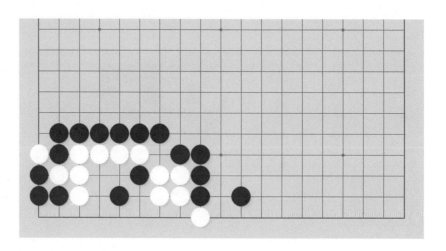

5997

检查

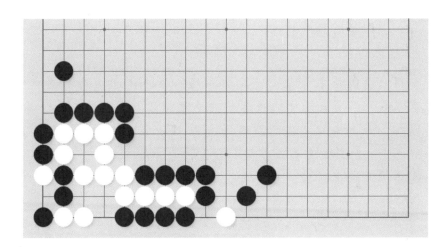

5998

检查

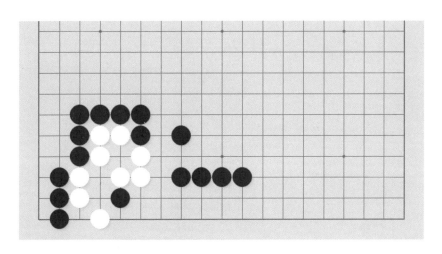

5999

检查

6000

检查

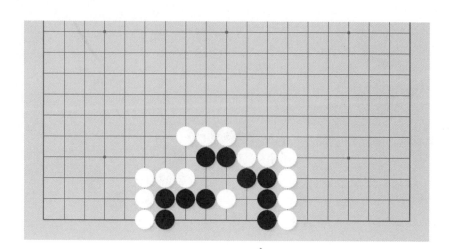

番棋

　　番棋，是围棋术语之一，指的是两位棋手通过多局角逐以分出胜负的比赛方式。世界大赛中的决赛多数是番棋比赛，胜局数先过半者胜出，如应氏杯决赛五番棋（先 3 胜者为冠军），春兰杯决赛三番棋（先 2 胜者为冠军），LG 杯决赛五番棋（先 3 胜者为冠军）等。也有的番棋是双方一定要下完所有场数，无论谁的比分先过半，如吴清源大师的十番棋。

——檀啸